지구촌의 미래식량기지, 브라질

성 진 근

| 차례 |

표 차례

그림·사진 차례

| 머리말 |

　지구 자전(自轉)방향으로 5만리를 함께 돌면서 출발 27시간 만에 한반도의 반대쪽에 있는 남반구의 대륙 브라질에 도착하였다.

　남미 최대의 도시 상파울로의 첫 인상은 무척 다양하다는 점, 그리고 무언가 익숙하다는 점이다.

　꽁고야스 국제공항을 나오자 마자 눈에 들어온 것은 길 건너 저편 야트막한 구릉지대에 촘촘히 들어서 있는 성냥갑 같은 빈민촌과 평지의 여기저기에 우뚝우뚝 솟은 빌딩숲이었다. 백인과 흑인, 그리고 흑인인지 백인인지 분간이 어려운 혼혈인들이 함께 엉켜서 거리를 메우고 있는 곳, 한 끼에 100달러가 넘는 고급식당과 1달러 미만의 난장판 시장이 어울려서 유지되는 곳, 젖가슴 살이 거의 드러나는 짧은 민소매의 여인과 가죽점퍼와 긴부츠로 단단히 무장한 여인들이 나름대로 멋을 과시하면서 같이 걸어다니는 곳, 브라질의 첫 인상은 무척 다양하다는 것이었다.

　공항의 안내용 모니터에는 SAMSUNG이 또렷하고 문자를 보내고 있는 옆 사람의 스마트폰에는 LG마크가 또렷하다. 거리에는 LG 마크가 새겨진 축구선수 유니폼을 입은 젊은이들이 활보하고 있으며 Hyundai의 투싼 SUV가 언뜻언뜻 지나고 있는 브라질은 처음 방문한 동양의 이방인에게 전혀 낯설지 않은 익숙한 인상을 준다.

브라질은 정말 큰 나라이다. 영토와 인구 수에서 세계 제5위의 국가라는 점에서 뿐만 아니라, 영토의 질(質)에서 단연 으뜸이다. 극지방에 위치한 러시아, 캐나다 등과는 달리 기후가 온난하여 연중 농업생산이 가능하며, 수자원의 부족으로 사막화가 진행되고 있는 호주, 중국, 미국 등에 비하여 영토의 대부분이 경제적으로 이용가능한 땅으로 구성되어 있다.

브라질은 세계 경작가능 토지의 22%를 차지하고 있으며, 이 중에서 1/3정도만 농업생산에 이용되고 있기 때문에 대략 1억~1억 5천만ha의 농지가 추가로 개발될 수 있는 잠재력을 보유하고 있다.

세계 제3위의 식량수입대국인 한국의 입장에서 식량의 안정적인 공급원을 확보하기 위한「해외식량기지」확보를 위해서 브라질의 거대한 식량잠재력에 주목할 수밖에 없다.「해외농업자료 시리즈」제5권의 대상국가로 브라질을 선택한 이유가 여기에 있다.

이 책은 5개의 장으로 구성된다.

제1장은 브라질이 우리에게 제공하는 기회요인에 대해서 논의하고, 제2장은 브라질의 풍부한 자원과 정치적인 위상에 대해서 논의하였다.

제3장은 브라질의 자연환경과 5개권역 및 농업생산 환경과 농업자원에 대해서 자세히 살폈다.

제4장은 브라질의 농축산업의 생산과 수급 및 무역실태에 대해서 살피고 선행연구결과를 이용하여 앞으로의 농업부문의 성장을 전망하였다.

제5장은 브라질 농업진출을 위한 바람직한 전략을 논의하면서 브라질의 관련제도와 법률을 살피고 최대 농업주산지인 마또그로수주의 농업생산과 농산물 유통실태를 살펴보았다.

2007년 말 구성되었던「해외농업개발포럼」의 목표사업으로「해외농업자료시리즈」를 발간하기로 작정한 이래, 2008년 12월「우크라이나」, 2009년 11월과 12월에「필리핀」과「우즈베키스탄」그리고 2010년 5월에「라오스·캄보디아」등을 발간하였으며, 이제「지구촌의 미래 식량기지, 브라질」을 제5권의 해외농업자료시리즈로 발간한다.

해외진출을 꿈꾸는 사람들에게 참고할만한 정보자료집을 만들어서 제공하는 일은 우리 사회의 또 하나의 지적자산을 일구는 일이다. 그러나 개인의 단독능력으로는 사실 벅찬 일이었다. 조사하고 집필하여 책을 만드는 일은 주위의 많은 도움과 격려 속에서 그럭저럭 해낼 수 있었다. 그러나 발행된 도서의 시장이 너무 제한된 것이 큰 문제였다.

우랄알타이산맥을 떠나온 우리 선조들은 해뜨는 동쪽을 향하여 오다가 더 이상 나갈 곳이 없는 한반도에 정착하면서 이 땅을 자자손손 지켜나가야 할 삶의 보금자리로 삼았다. 그래서「무궁화 삼천리 화려강산」을 만세동안 지켜나갈 뜻을 애국가에 담았다.

그러나 불행히도 우리의 사고와 활동범위를「백두산 뻗어내려 반도 삼천리」에 꽁꽁 묶어두는 결과를 낳고 말았다.

우리 민족은 정말 우수한 DNA를 타고 났다. 좁은 반도에 머물면서 티격태격하기 보다는 드넓은 전세계로 나가서 세계 경영을 성공시킬 수 있는 충분한 자질이 있다. 인구밀도가 세계 최고 수준인 좁은 땅만 쳐다보고 마냥「식량안보」를 외치고 있는 것은 우리의 사고를 한반도에 묶어 놓은 애국가 가사 탓인지도 모른다. 그러므로 애국가 가사를 글로벌시대에 알맞도록 고쳐야 한다. 그리고 해외농업개발은 우리 농업의 외연(外延)을 확장시키기 위해서 반드시 성공시켜야 한다.

발간되는「해외농업자료시리즈」를 구입하여 농산물 출하주에게 나눠줌으로서 책 보급에 앞장서주신 농수산물도매시장법인협회 관계자 여러분에게 감사드린다. 4권의 해외자료 집필비를 지원해주신 대산농촌문화재단과 자료를 챙겨주고 편집을 맡아준 김수혜 연구원의 노고에도 감사드린다. 특히 이 책의 집필을 위한 과중한 현지조사비를 걱정하는 필자에게 여비를 지원해주신 농산물유통공사 임직원에게 그리고 귀중한 자료와 사진을 제공해 주신 안양대 김동한 교수와 돌나라통상의 이정식 대표에게 감사의 말씀을 빠뜨릴 수 없다.

앞으로 다른 지역에 대한 새 책 발간은 연부력강한 후배들에게 넘기고 싶다. 이 책을 포함하여 5권의 해외농업자료시리즈가 해외진출을 계획하는 주체들의 시행착오와 탐색기간을 줄이는 데에 이바지하는 디딤돌의 하나로 쓰임받기를 간절히 기원하면서…….

2010. 12. 20
수서 연구실에서 **성 진 근**

01

브라질이 부른다

제1장
브라질이 부른다

1. 룰라 대통령의 성공이 차려놓은 밥상

브라질 대통령 선거 결선 투표에서 룰라 대통령의 후계자인 집권 노동자당 지우마 호우세피(Dilma Rousseff) 후보가 승리함으로써 브라질 역사상 첫 여성대통령이 탄생하였다. 현지 언론은 이번 대선의 승자는 지우마가 아니라 룰라 현 대통령이라는 점에 뜻을 같이 하고 있다.

퇴임을 두 달 앞둔 2010년 11월 현재의 지지율이 80%를 넘고 있을 정도로 룰라는 "역사상 가장 성공한 대통령" 으로 브라질 국민의 사랑을 받고 있기 때문이다.

빈민가 출신인 룰라는 어려서부터 구두닦이와 땅콩, 오렌지 행상일을 해야 했고 공장에서 새끼손가락이 잘려나가는 사고를 당하기도 했다. 금속노조위원장을 거쳐 노동자당을 창당한 룰라는 "가난의 한(恨)을 가슴에 품고 사회 주류와 부유층에 적대감을 가진" 남미의 다른 좌파지도자들과 전혀 다를 바 없는 좌파운동권이었다.

2002년 말 룰라가 대통령에 당선되었을 때 전 세계는 한결 같이 좌파정권 치하의 브라질의 장래를 걱정하였다. 그러나 룰라는 시장친화적인 전 정부의 정책까지를 일관되게 유지·계승하면서 세계 경제위기 때마다 국가부도설이 나돌던 나라를 신흥경제강국의 선두자리로 끌어올렸다. 이념에 얽매이지 않는 실용적인 리더십으로 사회통합과 경제성장이라는 두 마리 토끼를 잡아낸 것이다.

표(1) 룰라정부 재임기간 중의 브라질의 주요 경제지표 추이

단위 : 억달러, %

구분	2003	2004	2005	2006	2007	2008	2009	2010
GDP	5,522	6,636	8,818	10,889	13,663	16,379	15,734	18,867
1인당 GDP	3,090	3,650	4,790	7,220	7,220	8,540	8,090	9,590
실질경제성장률	1.2	5.7	3.1	6.1	6.1	5.1	−0.2	5.5
소비자물가상승률	9.3	7.6	5.7	4.5	4.5	5.9	4.3	4.2
재정수지/GDP	−5.1	−2.8	−3.4	−2.7	−2.7	−1.9	−3.3	−3.0
기초재정수지/GDP	3.3	3.8	3.9	3.4	3.4	3.5	2.1	2.9
이자지급액/GDP	8.5	6.6	7.3	6.1	6.1	5.5	5.4	5.1
공공부채/GDP	53.7	49.3	46.7	42.0	42.0	38.8	41.6	41.3
대출이자율(평균)	67.1	54.9	55.4	43.7	43.7	47.3	44.7	42.0
예금이자율(평균)	22.0	15.4	17.6	10.6	10.6	11.7	9.2	9.5
Selic(평균)	23.4	16.2	19.1	12.0	12.0	12.4	10.1	10.1
경상수지	42.0	117.0	140.0	16.0	16.0	−282	−243	−527
경상수지/GDP	0.8	1.8	1.6	0.1	0.1	−1.7	−1.5	−2.8
상품수지	248	336	447	400	400	248	253	67
상품수출	731	965	1,183.0	1,606	1,606	1,979	1,530	1,752
상품수입	483	628	736	1,206	1,206	1,731	1,276	1,685
외환보유액	283	249	538	1,803	1,803	1,938	2,385	2,411
환율(헤알/미달러)	3.08	2.93	2.44	1.95	1.95	1.83	2.00	1.82
총외채잔액	2,366	2,204	1,874	2,375	2,375	2,614	2,797	2,880
총외채잔액/GDP	42.8	33.2	21.3	17.4	17.4	16.0	17.8	15.3
외채상환액/총수출	65.9	46.2	55.4	27.6	27.6	24.7	28.6	24.8

자료 : EIU 및 브라질 재무부. 김명석, "브라질의 장기경제성장과제와 시사점", 수은해외경제, 2010.5.에서 재인용

룰라대통령 재임 8년간 국내 총생산 성장률은 연평균 5% 전후를 기록했다. 이에 따라서 총 GDP와 1인당 국민소득은 3배 이상, 그리고 외화 보유액은 8배 이상 늘어났으며 총 외채잔액이 GDP에서 차지하는 비율은 1/3 수준으로 줄어들었다. 고질적인 물가상승률도 2002년의 12.5%에서 2009년에는 4.3%로 낮아졌다. 수출은 2003년 731억 달러에서 2009년에는 1,752억 달러로 2.4배 늘어났고 상품수지는 대규모 흑자를 계속하고 있다. 이에 따라 외환보유액은 2003년의 283억달러에서 2009년 말 2,385억달러로 증가하여 IMF차관도 전액 조기 상환하였다.

2008년에 불어닥친 금융위기의 여파로 브라질 경제 역시 침체 국면으로 접어들었다. 주가 하락, 환율 급상승, 기업 파산, 기업의 재고누적 등 전형적인 불황상황이 진전되기 시작하였다. 특히 미국 등 선진국들이 자국 내 금융부실 문제를 해결하기 위한 목적으로 개도국 부문에 투자된 자금을 회수하는 바람에 브라질에 대한 외국투자도 크게 줄어들었다. 이에 따라서 2009년 브라질의 경제성장율은 -0.2%로 2008년의 5.1%에서 크게 후퇴하였다.

그러나 2010년의 브라질 경제는 5.5%의 높은 경제성장률을 회복할 수 있을 것으로 전망되고 있다. 견실한 내수시장과 풍부한 자원을 보유하고 있다는 점, 그리고 금융규제가 심한 브라질 경제가 금융위기로 부터의 타격을 상대적으로 덜 받았다는 점 때문에 회복속도가 빨랐다고 볼 수 있는 것이다.

브라질 경제가 외부충격에 큰 타격을 받지 않는 것은 내수시장에 의존하는 경제구조란 특징 때문이다. 1990년 이후 꾸준히 시장을 개방하고 수출시장을 다변화함으로써 수출량이 급증하고 있는데도 불구하고 국내 총생산에서 수출이 차지하고 있는 비중은 15% 내외에 불과하다. 탄탄한 내수시장과 높아진 국제식량과 자원가격 덕분에 브라질 경제는 외부충격에 강한 내성을 보이고 있는 것이다.

우리나라와 같이 자원빈국(貧國)에다 제조업과 무역 편중적인 경제구조를 가진 나라는 국제원료가격이 급등하면 국내물가와 수출상품의 제조원가가 상승하면서 그리고 해외시장 수요가 감퇴하면서 경제상황이 악화되는 어려움에 처하게 된다. 미국에서 시작된 금융위기가 실물경제의 위기로 이어져서 대부분의 선진국 경제가 이와 같은 경제불황으로 허덕이고 있는 여건 속에서 브라질은 이런 흐름에 휩쓸리지 않고 바로 경제위기를 벗어나고 있는 것이 돋보이는 것이다.

브라질 경제가 물가, 재정, 외채 등 거시경제 전반에서 개선됨에 따라서 브라질의 국가신용등급은 투자적격 등급으로 상승하였다.

2009년 말 현재 S&P, Fitch, Moody's 등 3대 국제신용평가기관은 브라질의 국가신용등급을 각각 BBB⁻와 Baa3로 상향 조정함으로써 투자적격국가로 평가하고 있는 것이다. 또한 2010년 11월 서울에서 개최된 G20정상회의 중요한 의제 중의 하나인 IMF쿼터 변경 합의안에 따르면 브라질은 현행의 지분율이 1.78에서

2.32로 높아지면서 순위가 14위에서 10위로 4계단이나 뛰어 올랐다.

브라질은 오랜 기간 동안의 산업화단계를 거치면서 1960년~70년대에 이미 신흥공업국으로 부상함으로써 남미 최대의 산업기반을 갖춘 경제적 잠재력을 보유한 국가이다. 그러나 심각한 빈부격차와 물가상승률 그리고 축구와 카니발, 삼바 같은 문화적 명성에 밀려서 브라질의 성장 가능성과 잠재력은 국제사회에 제대로 알려지지 않았다.

그러나 노동자 출신의 대통령 룰라는 세계인의 우려와는 달리 시장친화적인 일관된 정책을 추진함으로써 경제성장과 국가신용도 상승을 통하여 해외투자자들의 관심을 끄는 데 성공했다. 특유의 정치 리더십으로 사회통합도 이루어내었다. 좌파 정치인 룰라는 대통령직 연임에 이어서 그의 정치적 후계자인 지우마후보를 당선시킴으로서 정권연장에도 성공하였다. 또한 신흥경제강국의 선두자리로 브라질의 정치경제적 위상을 향상시키는 데도 성공하였다.

룰라의 정책은 지우마 대통령 치하에서도 계속될 것이므로[1] 브라질의 경제성장 추세도 계속 이어질 것이라는 전망도 가능하다.

철광석, 알루미늄, 구리, 니켈 등 주요 광물자원과 막대한 미개

---

1) 지우마 당선자는 대선투표결과 발표 직후, 룰라정부의 제반정책을 유지해 나가겠다는 점과 경제안정화에 역점을 두겠다고 밝힘으로써 룰라정부정책을 계속 유지하겠다는 뜻을 분명히 하였다.

발농지자원 등 「천연자원의 보고」인 브라질은 룰라대통령의 성공으로 정치·사회적인 안정과 함께 앞으로의 지속적인 성장기반까지 갖추게 되었다. 이에 따라서 국제사회의 브라질 투자 열기는 점차 뜨거워지고 있다.

2. 브라질의 경제성장정책이 제공하는 기회

1) 제1차 경제성장촉진정책(PAC)의 성과

룰라정부 집권 1기(2003~2006)동안 브라질은 물가, 재정, 국제수지, 외채 등 거시경제 전반에 걸쳐서 많은 개선을 이루었지만 경제성장률은 연평균 2.6%에 불과했고 투자율도 GDP의 15.8~17.1%로 매우 낮은 수준에 머물러 왔다.

저투자로 인한 저성장의 문제를 해결하기 위하여 룰라정부는 2007년 1월 집권 2기를 시작하면서 투자율 제고를 위한 제1차 경제성장촉진계획(PAC : Programa de Aceleracao do Crescimento)을 발표하였다. 제1차 PAC계획은 물가안정을 해치는 인위적인 금리인하나 재정수지를 악화시킬 수 있는 대규모 공공투자를 최소화하는 대신에 외국기업을 포함한 민간투자를 적극 유치하고 물류, 에너지, 사회 인프라 부문에 투자를 집중함으로써 투자율 제고와 인프라 부족문제를 해결한다는 구상이었다.

제1차 PAC의 3개년 추진성과는 매우 양호한 것으로 평가되고 있다. 2007~08년 동안 브라질의 경제성장률은 각각 6.1%와

5.1%로 크게 높아졌다. 2009년에는 글로벌 금융위기 영향으로 소폭의 마이너스 성장(-0.2%)을 기록했으나 선진국의 경우(-2~-4%)와 비교하면 상당히 양호한 결과로 평가된다.

투자율도 2006년의 16.4%에서 2008년에는 18.7%로 증가하였다. GDP대비 공공투자 비중은 2006년의 1.6%에서 2009년에는 2.9%로 상승하였다.

인프라 투자도 크게 증가하였다. 2007년부터 2009년까지 3개년간 총계획투자액의 63.2%에 해당하는 총 4,030억헤알이 투자되었다. 투자실적을 중심으로 하여 인프라 부문별로 살펴보면, 사회인프라 조성투자가 43.7%, 에너지인프라 조성투자가 43.4%, 물류인프라 조성투자가 12.9%를 차지하고 있다.

표(2) 제1차 PAC의 3개년 인프라 투자실적(2007~2009)

단위 : 억헤알, %

구분	계획(A) (2007~2010)	실적(B) (2007~2009)	완료프로젝트 투자액(C)	달성률	
				B/A	C/A
물류	583	520	405	89.2	69.5
에너지	2,748	1,750	724	63.7	26.3
사회	1,708	1,760	1,440	103	84.3
추가사업	1,341				
합계	6,380	4,030	2,569	(63.2)	(40.3)

( )은 추후 PAC에 포함된 프로젝트를 포함한 투자계획 대비 달성률임
자료 : CGPAC(Comite Gestor do PAC;브라질 PAC 집행위원회), 김명석, "브라질의 장기경제성장과제와 시사점", 수은해외경제, 2010.5.에서 재인용

표(3) 제1차 PAC 인프라 부문 완료 프로젝트(2007~2009)

단위 : 억헤알

		계획 (2007~2010)	실적 (2007~2009)	비고
도로		334	277.0	4,916km 도로공사 완료
철도		79	11.0	356km 철도공사 완료
항구		27	1.2	4개 항만 현대화사업 완료
공항		30	2.5	7개 공항 현대화사업 완료
수로		74	0.1	3개 터미널 공사 완료 등
상선		106	112.0	조선소 2개, 선박 218척 금융지원
소계		650	404	
전력	발전	659	136	5,964.5MW 발전소 건설
	송배전	125	51	7,368km 송배전망 건설
원유· 가스	탐사생산	934	238	106억–160억 boe 유전 발견
	하류부문	856	210	9개 정유공장 현대화 사업 등
바이오연료		174	89	9개 바이오 연료 플랜트 완공
소계		2,748	724	
전기공급		87	45	223만 5천가구 전기공급
도시철도		31	6	3개 도시철도 노선 완공
수자원/상하수도		527	7	286km 수로 건설
주택		1,063	1382	1,375억 헤알의 주택금융 지원
소계		1,708	1440	
합계		5,106	2,568	

자료 : CGPAC(Comite Gestor do PAC;브라질 PAC 집행위원회), 김명석, "브라질의 장기경
제성장과제와 시사점", 수은해외경제, 2010.5.에서 재인용

물류인프라 조성을 위한 도로건설 부문에는 277억헤알이 투자되어 총 연장 4,916km의 도로사업이 완료되었고 총 사업비 165억헤알에 의한 총연장 4,757km의 도로사업이 시행 중이다.

에너지 인프라 부문에서는 1,750억 헤알이 투자되어 추정매장량 106~160억boe[2)]의 신규유전 18개소를 발견하였다. 원유생산량은 2007년의 185만b/d에서 2009년에는 202만 b/d로 증가하였고 발전소 건설을 통하여 5,964.5KMW의 발전용량이 확충되었다.

사회인프라 부문에서는 농촌지역에 대한 전기공급사업(Luz para Todos)을 통하여 223만 5천가구에 새로 전기를 공급하였으며 주택공급사업을 위해 총 1,375억 헤알의 주택금융이 지원되었다.

2) 제2차 경제성장촉진정책(PAC)의 주요 내용

2010년 3월 브라질 정부는 경제성장촉진을 위한 제2차 경제성장촉진계획을 발표하였다. 이 계획은 2011년부터 2014년까지 4개년의 계획기간 중에 총 1조5,864억헤알(약9,100억USD)의 대규모 투자가 시행된다.

브라질 정부는 제2차 PAC계획을 통해 GDP대비 투자율을 2009년의 16.7%에서 2014년에는 21.5%로 높이고 연평균 5.5%의 경제성장을 이룩하겠다는 목표를 제시하고 있다.

제2차 PAC의 인프라투자계획은 제1차 PAC의 경우와 마찬가지로 크게 3개 부문(에너지, 물류, 사회)으로 나누어지는데, 전체

---

2) 석유와 가스량을 측정하기 위해서 사용되는 단위로 1boe는 1배럴과 같은 양이다.

투자계획의 68.6%가 에너지 부문에 집중되고 있으며, 교통인프라 부문에는 6.9%가 그리고 상수도 및 전기, 주택, 공공서비스, 도시 정비 등 사회인프라 부문에는 24.5%가 투자될 예정이다.

브라질정부는 제1차 PAC이 종료되기 전에 서둘러 제2차 PAC을 발표하였다. 월드컵축구(2014)와 하계올림픽(2016)개최 등 국제적인 스포츠행사의 브라질 개최에 대비하는 조직적인 투자계획의 필요성이 큰 것도 사실이지만, "PAC의 어머니"로 알려진 지우마 여당대통령 후보의 선거전략 차원에서 지나치게 부풀려졌다는 야당의 비판도 일리가 있기 때문에 제2차 PAC에 의한 투자사업이 모두 계획대로 추진되지는 않을 것이라는 부정적인 시각도 있는 것이 사실이다.

그러나 제1차 PAC사업의 성과를 계승하는 제2차 투자사업이라는 점, 2014년 브라질의 월드컵과 2016년 하계올림픽의 준비를 겸하고 있다는 점 그리고 지우마 여당후보가 새대통령에 당선되었다는 점 등을 고려할 때 상당수의 프로젝트들이 계획대로 추진될 것으로 예상된다.

제2차 PAC사업과 연관되어 한국이 관심을 가질 수 있는 분야는 다음의 세 가지로 나눌 수 있다.

첫째, PAC 투자사업 중에서 2/3 이상을 차지하는 에너지부문(원유, 천연가스 개발)이다.

브라질 정부는 재정안정성을 해치지 않는 수준에서 공공투자를 실시하고 나머지 대부분의 투자는 민간투자를 유치하여 실시할

방침이므로 에너지 개발사업에 대한 우리나라 측의 투자기회의 확보가 관심대상이다.

둘째, 공공투자 비중이 높은 도로, 철도 등 물류인프라 부문과 사회인프라 부문에 대한 민간부문의 사업기회 확보가 관심대상이다.

셋째, 브라질의 물류인프라가 확충되면 이를 통하여 브라질의 농산물의 물류비용이 현저하게 낮아져서 브라질 농산물의 국제경쟁력은 더욱 높아질 것으로 예상되므로 한국의「해외식량기지」확보를 위한 농업개발투자 기회의 확보가 관심대상이다.

3) 지우마정부의 정책 방향과 한국의 교역 및 투자 진출

집권 노동자당의 지우마 당선자는 룰라정부의 경제정책을 대부분 유지·발전시킬 예정이므로 경제 전반에 걸쳐서 큰 변화는 없을 것으로 전망된다. 그러나 지우마후보가 대선과정에서 강조해온 브라질 국내산업 육성, 인프라 투자 확대, 서민 정책 등 분야에서는 더 분명하고 구체적인 모습을 보일 것으로 예상된다.

지우마 당선자는 투자유치 및 계획과정에서 정부가 적극적인 역할을 해야 하며 기간산업에서도 정부의 통제력이 강화되어야 한다는 입장을 견지하고 있다. 예컨대 심해유전 개발에서 국영에너지 회사인 페트로브라스(Petrobras)에 대한 통제력 강화, 전력개발 분야에서 브라질 전력공사(Electrobras)의 권한 확대, 볼리비아와의 에너지 공동생산을 위한 공기업 창설 등을 주장해 왔다.

그러므로 지우마대통령 치하에서 정부역할은 보다 강화될 것으로 볼 수 있다.

지우마 당선자는 현 정부의 경제정책의 근간을 유지·강화하는 방향으로 경제정책을 운영해 나갈 전망이다. 이에 따라서 현재의 변동환율제를 유지하고 금리정책, 환율정책 등에서 중앙은행의 자치권을 강화하며 총 GDP 중에서 공공부채가 차지하는 비중을 현재의 42%에서 30%로 낮추는 등 경제안정정책을 유지할 계획이다.

지우마 당선자는 제2차경제성장촉진프로그램(PAC)을 강력하게 추진함으로써 브라질의 인프라구조를 한층 더 향상시킬 계획이다. 이에 따라 남미철도, 도로, 고속철도, 에너지망 연결 프로젝트 등 인프라 투자정책이 더욱 탄력을 받게 될 것으로 예상할 수 있다.

지우마 당선자는 국영기업 페트로브라스의 심해유전개발 참여 확대를 통한 에너지자원 확보의 확대와 함께 여기에서 발생할 수익금을 산업개발 및 저소득층 지원 등에 활용할 계획이다. 또한 현행의 양허(Concession)에 의한 유전개발방식을 생산물 분배방식으로 변경함으로써 브라질 정부의 몫을 극대화하는 데에도 적극적이다.

지우마 당선자의 세제(稅制)개혁 문제는 가장 큰 관심을 끄는 대선공약 중의 하나였다. 여권의 의석 수 확대에 따라서 현행의 복잡하고 높은 세제는 개혁에 진전이 있을 것으로 기대된다. 특히 주별로 상이한 유통세의 단일화, 기업의 인건비에 대한 세금감면, 교통/에너지/위생 분야에 대한 사회보장세 면제 등이 관심을 모으고 있다.

지우마 당선자는 교육확대를 위한 교육분야 투자를 총 GDP의 7%까지 끌어올릴 계획이며, 극빈층을 줄이기 위한 서민보조금정책(Bolsa Familia)을 강화할 계획이다.

지우마 당선자는 현재 브라질정부가 추진하는 메르코수르(남미공동시장) 강화를 통하여 남미시장의 통합과 메르코수르에서의 브라질의 지도력 확대 등 기존의 대외정책을 강화시켜 나갈 계획이며, 메르코수르와 EU의 FTA협상, BRICs 및 남아공 등 신흥경제국과의 협력 확대, 중동분쟁 해결을 위한 이란과의 대화 유지정책 등을 통하여 세계 정치, 경제에서의 브라질의 영향력을 확대할 수 있는 대외정책기조를 유지해 나갈 전망이다. 또한 현 정부가 추진하는 교역대상국 다원화 및 상호호혜에 기반을 둔 통상정책도 계속 유지할 전망이다.

브라질 새 정부의 통상정책이 시장다변화 및 제조업의 국제경쟁력 강화의 방향으로 움직일 가능성을 고려할 때 한국의 대브라질 교역환경은 보다 유리해질 가능성이 높다.

지우마 당선자는 장관 시절에 브라질 제조업의 경쟁력 강화를 위해 한국기업과의 협력강화를 희망해 왔다. 특히 최근의 중국산 제품의 수입확대에 따른 브라질 산업계의 반발과 수입규제 강화의 움직임은 한국과의 교역확대 가능성으로 연결될 수 있다.

2010년 9월 현재 한국의 대브라질 수출은 57억달러로 전년 동기대비 66.8% 성장하고 있으며 금년 말에는 일본을 제치고 브라질의 제5위 수입국으로 부상할 전망이다. 이러한 브라질에 대한 수출신장은 브라질의 경제 호황3), 헤알화 강세, 중산층 확대에 따른 내구성 소비재 수요 확대 등 국내요인과 함께 일본의 엔화 강세와 중국산 제품에 대한 수입규제 강화 등의 외부적 요인이 복합적으로 영향을 미치고 있기 때문이다.

표(4) 한국의 대브라질 수출입 추이

단위 : 백만달러, %

연도	수출		수입		무역수지
	금액	증감률	금액	증감률	
1994	844	88.2	1,019	30.6	−175
1995	1,519	79.9	1,388	36.2	131
1996	1,497	−1.4	1,325	−4.6	172
1997	1,711	14.3	1,239	−6.5	472
1998	1,792	4.7	693	−44.0	1,099
1999	1,209	−32.5	909	31.2	299
2000	1,724	42.6	935	2.8	789
2001	1,611	−6.5	1,126	20.4	486
2002	1,247	−22.6	1,248	10.9	−1
2003	1,137	−8.8	1,619	29.8	−482
2004	1,785	56.9	2,195	35.6	−410
2005	2,411	35.1	2,501	13.9	−90
2006	3,063	27.1	2,707	8.2	357
2007	3,487	13.8	2,794	3.2	693
2008	5,925	69.9	4,380	56.8	1,545
2009	5,311	−10.4	3,744	−14.5	1,567
2010(1-9)	5,733	66.8	2,911	2.7	2,822

자료 : KOTIS

---

3) 2010년 7.5%의 고도경제성장을 전망하는 연구결과도 발표되고 있다.

조선, 자동차, 기계, 전력 등 브라질 제조업체가 한국기업과의 기술제휴 및 부품조달을 원하고 있기 때문에 앞으로도 한국의 대 브라질 수출은 당분간 호조세를 이어갈 것으로 전망된다.

룰라정부 시절 에너지부 장관과 정무장관을 역임한 지우마 당선자는 리오·상파울로 간 고속철도사업과 조선산업 육성 및 전력생산 확대 등 주요 프로젝트를 주도해 왔던 인물이다. 특히 지우마 당선자가 한국의 브라질 고속철도사업 참여에 우호적인 입장을 견지해 왔다는 점에서 한국의 고속철도사업 참여가능성이 높아지고 있다. 또한 브라질의 심해유전 개발과 조선사업에도 시추선 입찰 등의 방법으로 투자진출의 기회가 커지고 있다.

G20정상회의 개최를 통하여 한국은 브라질과의 경제협력을 강화할 수 있는 호기를 맞고 있다. 한국의 월드컵 및 올림픽 개최경험을 전수하면서 다양한 건설 분야의 협력사업과 사회 인프라 확충에 따른 프로젝트 제휴 및 참여 확대, 그리고 세계3위의 곡물수입대국이라는 최종소비국의 입장에서 거대 곡물수출국인 브라질에 대한 농업개발 협력투자 등 한-브라질 간의 경제협력 강화를 위한 적극적인 대응책 강구가 필요한 시점이다.

많은 전문가들은 현재의 금융위기가 진정되면 더 큰 자원위기를 겪게 될 것이라고 예측하고 있다. 자원위기는 통상 식량위기도 동반하므로 자원부국인 브라질에게는 오히려 새로운 성장기회로 작용할 수 있다.

세계 경제위기 속에서도 브라질 경제가 요동치지 않는 이유는 이러한 국제사회의 기대로 인해 외국인 자본이 지속적으로 유입되고 있기 때문이다. 브라질의 경제성장정책이 창출하고 있는 새로운 투자기회에 한국이 참여하거나 또한 새로운 투자기회를 창출할 수 있는 길을 적극 모색해야 할 때인 것이다.

3. 떠오르는 신흥시장(Emerging Market)의 확보

미국에서 시작된 금융시장 불안이 실물경제 악화로 이어지고 이것이 세계경제를 불황으로 몰아가는 가운데 그런 흐름에 휩쓸리지 않고 안정적인 성장추세를 누리고 있는 나라 중의 하나가 브라질이다.

미국, EU, 일본 등 세계경제를 이끌어 왔던 주요 선진국들이 경제 불황에 처하여 허덕이고 있는 가운데, 지난 10여년 간의 지속적인 경제성장 덕분에 소비성향이 커지고 있는 2억명 인구의 구매력에 바탕을 둔 탄탄한 내수시장을 보유하고 있는 나라가 브라질이다.

미국의 농산물 시장을 제대로 개방하지 않은 상태에서 추진되어온 미주자유무역협정(FTAA) 협상을 중도에 무산시키는 대신에, 남미공동시장(MERCOSUR)을 확대하여 남미지역의 지도국가로서의 지위를 확고히 한 나라가 브라질이다.

브릭스(BRICs)국가들과의 전략적인 협력관계를 구축하면서 선진국 주도의 북남(北南)협력 대신에 남남(南南) 협력을 이끌고 있는 제3세계의 리더국가가 브라질이다.

G20 서울정상회의를 계기로 하여 다변화되고 있는 국제정치,

경제질서 속에서 한국이 우뚝 설 수 있는 길은 정체 내지 쇠퇴되고 있는 선진국 시장을 대신할 수 있는 새로운 시장에 대한 새로운 수요의 창출과 이를 통한 새로운 성장동력의 확보에서 찾아야 한다.

브라질은 풍부한 천연자원과 거대한 내수시장 및 양질의 인적자원 등 경제대국으로서의 성장조건들을 두루 갖추고 있는 기회의 나라이다.

최근의 지속적인 경제성장 때문에 브라질 내수시장은 꾸준히 성장하고 있다. 브라질의 FGV(Fundação Getúlio Vargas)4)연구소에 따르면 브라질의 경제는 2030년에 2조 4천억달러 규모로 성장함으로써 세계 5위의 거대 소비시장이 될 것이라고 전망하고 있다.

자원빈국(資源貧國)에다 제조업 편중적이며, 수출의존적인 경제구조를 지닌 한국의 입장으로서 역동적으로 성장하고 있는 브라질 시장을 주목할 수밖에 없는 이유가 여기에 있다.

브라질은 지리상으로 지구 반대편에 있는 아주 먼 나라이다.

그러나 브라질에도 최근 한류(韓流)열풍이 불고 있다. 한국 신세대 가수들의 노래는 브라질 젊은이들의 마음을 사로잡아 「K-POP(Korean Popsong)」 경연대회까지 열릴 정도인 것이다. 한국의 브라질 이민은 1963년 2월 12일 최초의 공식이민단이 브라질의 산토스(Santos)항에 발을 디딘 후 본격적으로 진행되어 2010년 현재 이민 47년의 역사를 지니고 있다. 한국과 브라질은

---

4) 브라질의 전직대통령 바르가스 대통령을 기념하여 설립된 민간연구기관 제툴리오 바르가스 재단

1959년 10월 31일 정식외교관계를 수립한 이래 2009년은 수교 50주년이 되는 해였다. 약 5만명의 교포가 주로 의류업종에 종사하면서 상파울로의 일정구역을 중심으로 한인사회를 형성하고 있다. 한인사회는 상파울로의 봉혜지로(Bon Retiro)와 브라스(Brás)지역을 중심으로 하여 의류상점, 식당, 수퍼마켓, 술집, 미용실 등을 운영하면서 브라질 속의 작은 한국사회를 형성하고 있다.

우리 기업들도 브라질에서 뛰어난 실력을 과시하고 있다. 그 중에서 LG와 SAMSUNG은 브라질의 전자제품시장을 석권하면서 브라질인들의 삶 속에 깊이 파고들고 있다. 브라질 가정이나 관공서에서 LG나 SAMSUNG의 PDP, LCD, DVD플레이어, 오디오, 에어컨, 컴퓨터, 휴대전화 등을 보는 것은 이미 자연스러운 일이 되고 있다.

LG전자는 상파울로 축구클럽의 공식적인 후원자로 등장하면서 스포츠마케팅으로 LG브랜드 홍보효과를 거두고 있다. 상파울로 팀이 사용하는 모룸비(Morumbi)스타디움은 전체 구장이 LG 마크로 도배되어 있고 LG가 인쇄된 상파울로팀의 유니폼은 상파울로 축구팬들은 모두 한 벌씩 갖고 있을 정도인 것이다.

삼성전자도 브라질에서 두 번째로 팬이 많은 상파울로 연고팀인 코린티안스(Corinthians)팀을 후원하는 스포츠마케팅에 2005년부터 뛰어들었고 2009년부터는 팔메라이스(Palmeiras)팀을 후원하기 시작하였다. 현대자동차도 현지 공장이 없는 상태에서 나름대로 선전하고 있다. 2009년 현재 현대 투싼은 소형 SUV시장에서 산타페는 고급 SUV시장에서 각각 1위를 차지하고 있다.

LG와 삼성 그리고 현대가 한국기업임을 잘 알고 있는 브라질 사람에게 한국의 이미지가 더욱 좋아질 것은 분명하다.

브라질 사람들의 기억 속에 각인되어 있는 한국의 이미지는 5000년의 역사를 지닌 단일민족국가로서의 문화적 이미지 보다는 6.25내전을 겪은 "위험한 분단국가"나, 산업화 과정에서 "노사분규가 심한 나라" 등 부정적인 이미지가 더 많이 남아있는 것이 사실이다. 그러나 2002년 6월에 개최되었던 "한·일 월드컵"은 브라질 사람들의 머릿 속에 붉은 물결의 한국 이미지를 각인시키는 계기가 되었다. 월드컵 이후 붉은 티셔츠를 입은 한국인을 만나게되면 브라질 사람들은 「대~한민국」이라는 붉은 악마의 함성을 흉내내기 시작했다. 한국인의 결집된 에너지가 브라질 국민들을 자연스럽게 매료시킨 것이다. 월드컵 이후 역동적인 한국(Dynamic KOREA)이라는 새로운 국가 이미지가 형성되었고 이러한 국가 브랜드는 한국상품에 대한 선호도를 높여 대브라질 수출이 늘어나는 효과로 연결되고 있는 것이다.

2010년 11월의 G20정상회의에는 룰라대통령과 지우마 대통령 당선자가 함께 한국을 방문하면서, 우리 한국의 IT산업뿐만 아니라 고속철도와 고속도로와 같은 사회인프라를 전파매체를 통하여 브라질에 생생하게 소개하는 계기가 되었다. 또한 5000년 역사가 담긴 문화5)도 접할 수 있는 기회를 주었다.

---

5) 브라질은 식민지 경영에서 비롯된 혼혈 다인종국가로 출발한 나라이기 때문에 전통성을 가진 유구한 문화가치를 상품화한 우리문화상품(영화, 음악 등)에 대한

이를 계기로 브라질의 거대한 내수시장에 진출할 수 있는 길을 열어야 한다. 거대한 나라 브라질이 빠르게 변하고 있다. 2014년 월드컵과 2016년의 하계올림픽 대회의 성공적인 개최를 위해 브라질은 도로, 항만, 교통, 숙박시설 등 인프라를 정비하고 환경, 치안 등을 개선하기 위해 국력을 모으고 있다. 상파울로와 리오데자네이로를 연결하는 고속철도 사업을 비롯한 사회적 인프라 구축사업에 대한 한국기업의 참여를 실현시켜야 한다.

브라질의 변화를 지원하는 과정에서 자원빈국인 한국의 자원확보와 식량의 해외생산기지 확보의 길도 터야 한다.

그러나 한국의 브라질 진출 연착륙(Soft landing)을 가로막는 암초가 있다. 소위 「브라질코스트(Brazil Cost)」라고 불리우는 정치, 경제, 사회제도의 개혁미비로 인한 높은 세금과 다양한 비공식적 비용부담 문제를 극복해야 한다.

또한 식민지 통치시절 이래 형성되어 있는 뿌리 깊은 양극화6)로 인한 사회적 불안도 극복해야 한다. 철도의 미개발과 전체도로의 8% 수준에 불과한 포장률로 인한 높은 운송료, 그리고 부산항의 컨테이너 처리능력의 20% 수준에 불과한 최대항구 산토스항의 화물처리능력과 경쟁국에 비해 3배 정도나 비싼 화물처리비용 등 높은 물류비용 문제도 극복해야 할 과제인 것이다.

잠재적 수요가 큰 나라이다.
6) 경작 가능한 농지의 2/3를 인구의 3%가 보유하고 있는 등의 심각한 빈부격차로 인한 사회의 양극화 현상은 사회불안을 야기시키는 고질적인 원인이다.

브라질의 변화는 시급한 과제이다. 그러나 변화가 완성되기까지를 기다리다가는 투자진출의 기회를 놓칠 수도 있다. 금융위기 이후 세계각국의 대 브라질 투자열기가 고조되고 있기 때문이다.

브라질 정부의 변화를 위한 개혁작업에 적극적으로 참여하면서 새로운 투자사업 참여기회를 열어나가는 전략적인 사고가 필요하다.

4. 지구촌 미래의 식량기지에 대한 지분(持分) 확보

1) 브라질의 농업자원과 생산잠재력

브라질의 현재 농경지는 5,900만ha로서 한국의 30배가 넘는다. 더구나 앞으로 개간하여 농지로 개발할 수 있는 땅은 1억ha를 넘는다고 한다.

농지의 양 뿐만 아니라 질적인 측면에서 브라질은 단연 세계 최고 수준이다. 지구촌의 영토대국들은 극지대에 속해 있거나(러시아, 캐나다), 사막화(호주, 중국, 미국)되어 신경작지 확대가 어려운 실정이다. 그러나 브라질은 주로 아열대기후대에 속하여 연중 이모작 이상의 농사가 가능하며 물도 풍부하고 지진, 폭풍, 한발 등 천재지변도 거의 없는 좋은 영농환경 조건을 갖추고 있다. 토양은 대부분 사질양토로서 암반이나 자갈이 거의 없어서 새 농장 개발이 용이하다. 이러한 농업자원조건 때문에 브라질은 전세계 곡물생산량의 약 20%를 생산하고 있는 농산물 생산대국이다.

농산물 생산량 순위에서 브라질은 사탕수수, 오렌지, 커피, 기타콩(대두 이외의 콩류)에서 세계 1위 생산국이다. 대두와 대두박, 쇠고기, 잎담배 생산량은 세계 2위이며, 옥수수, 닭고기는 세계 3위 생산국이다.

브라질의 대체에너지, 특히 바이오에탄올 생산량은 전세계 생산량의 37%로 압도적인 1위 생산국인 동시에, 전세계 교역량의 37%를 차지하는 1위 수출국이다.

2008년 현재의 브라질 주요농산물의 생산성(톤/ha)은 대두, 사탕수수, 커피, 오렌지, 카사바 등 작물에서는 세계평균 생산성보다는 약간 높지만 옥수수, 밀 등은 약간 낮은 수준이었다.

그러나 작물생산성 향상의 잠재적 가능성은 무척 크다. 예컨대 1990/91년의 곡물생산량은 57.8백만톤이었다. 그러나 2002/03년에는 123.2백만톤으로 10년 동안에 2.13배나 증가하였다.

이 기간 동안에 경작면적은 3,680만ha에서 4,390만ha로 19.3% 증가한 반면 곡물 생산성은 85.5%나 향상됨으로서 곡물증산을 견인하였다. 농작물생산성 향상은 농업기술 향상에 힘입은 바도 컸지만 이 기간 동안에 진행된 농업부문에 대한 국내외 투자의 증가가 결정적인 역할을 수행한 것으로 평가된다.

최소한 1억ha에 이르는 브라질의 잠재적 농지가 작물생산용지로 개발되고 현재의 생산성 향상 추세가 이어진다면 브라질의 곡물생산능력은 현재의 1억 3천만톤 수준에서 3억 6천만톤 수준으로 3배정도나 확장될 수 있는 가능성이 충분하기 때문에 지구촌의 미래 식량기지로 불리우고 있는 것이다.

주요 식량생산대국에서 진행되고 있는 기상이변 현상 때문에 식량위기에 대한 위기감이 세계적으로 고조되고 있다.

이에 따라서 브라질의 식량생산 잠재력에 주목한 선진국들의 브라질 농업투자 Rush현상도 빚어지고 있다. 예컨대 2007년 11월부터 2008년 5월까지 7개월 사이에 외국인에 의한 농지매입은 총 226,920ha로서 매일 1,100ha씩 거래된 것으로 집계되고 있으며 브라질 농지의 약 9%에 해당하는 550만ha가 외국인 소유로 평가된다[7].

브라질의 농지가격도 크게 오르고 있다. 2005년 5월부터 2008년 4월까지 농지가격(R$/ha)은 평균 3,000에서 4,000 수준으로 35% 이상 오르고 있으며 이러한 추세는 계속될 전망이다.

브라질 농업투자에 있어서 가장 큰 장애요소는 농산물 생산기지인 내륙에서 항구까지의 물류비용이다.

그림(1) 태평양 항구와의 고속도로 건설계획

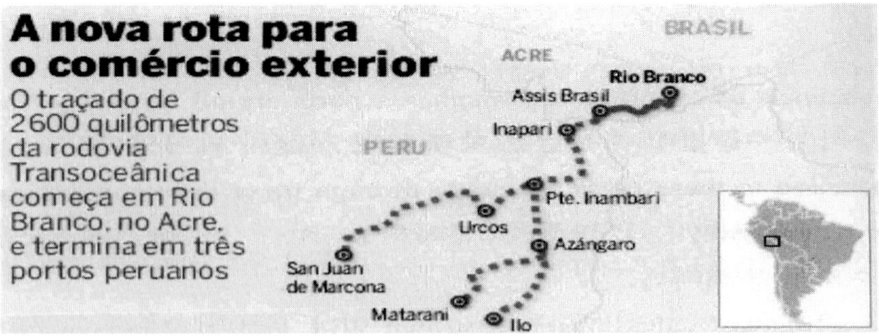

A nova rota para o comércio exterior

O traçado de 2600 quilômetros da rodovia Transoceânica começa em Rio Branco, no Acre, e termina em três portos peruanos

BRASIL
ACRE
Rio Branco
Assis Brasil
Inapari
PERU
Pte. Inambari
Urcos
Azángaro
San Juan de Marcona
Matarani
Ilo

---

7) Brazil Agribusiness : An opportunity of investment, 2008

이를 해결하기 위하여 브라질의 아크리(Acre)주[8] Rio branco 로부터 태평양의 페루의 항구 Ilo 사이의 2,600㎞를 연결하는 고 속도로사업(Transocean)이 진행되고 있다. 2002년에 브라질 쪽 의 일부분인 344㎞가 완공되었고 2011년에 전체 도로의 완공을 위한 인프라 투자가 계획되고 있다. 만약 이 도로가 완성되면 브 라질 곡물의 국제경쟁력은 현저히 향상될 전망이다.

2) 해외식량기지 개발대상지역의 선정조건

2007/08년의 국제곡물위기 이후 식량안보에 대한 사회적 관심 이 새로와지면서 해외농업개발에 대한 민·관의 협력방안들이 구 체적으로 검토되기 시작하였다.

농림수산식품부는 2018년까지 주요 곡물 국내소비량의 10%를 공급할 수 있는 해외공급망을 확보한다는 목표 하에 2009년 6월 부터 해외농업개발지원사업에 착수하고 있으며 민간주도의 「상업 형」과 국가 간 농업협력 후 민간이 진출하는 「공익형」으로 농 업개발유형을 구분하고 있다.

식량의 해외생산기지 확보의 경제·사회적 기대효과는 다음과 같이 요약할 수 있다.

첫째, 곡물의 간접비축효과로 국제곡물가격 상승의 충격을 흡수 함으로써 경제의 안정적 운용을 기대할 수 있다.

---

8) 새대통령 당선자는 아마존 지역 아크리주에서 고무채취업에 종사하던 부모 밑에 서 태어나서 아마존 보호를 위한 환경운동에 뛰어들었으며 2003년에 환경부장 관에 임명되었다.

식량위기는 언제든지 촉발될 수 있는 지구촌의 예정된 위협이다. 2007~2008년의 곡물위기는 소위 애글플레이션(Agflation)이란 신조어를 회자시키면서 식량수입국의 물가불안을 야기한 바가 있었다. 2008년 이후 안정세에 접어들던 국제곡물가격은 주요 수출국들의 기상이변에 의한 생산량 감소로 2010년 7월 이후 4개월 연속 상승하고 있다. 2010년 6월부터 10월까지 대두값은 28.1%, 밀 값은 50.3%, 옥수수 값은 63.5%나 오르는 등 새로운 국제곡물위기의 발생가능성마저 우려되는 상황으로 국제곡물가격이 상승하고 있다.

2009/10년 현재 한국은 세계 제3위의 곡물수입대국[9]으로서 예상되는 국제곡물위기에 근원적으로 대응하기 위한 수단으로 브라질, 우크라이나 등 식량생산 잠재력이 큰 나라의 농업개발 진출에 대한 사회적 관심이 커지고 있다는 것은 지극히 당연한 일이다.

둘째, 저렴한 원료농산물의 안정적인 공급으로 축산업과 식품산업의 경쟁력 강화를 기대할 수 있다.

쌀의 완전자급의 실현으로 우리 사회의 식량안보에 대한 관심이 크게 무디어지고 있다. 그러나 우리국민의 식생활이 축산물과 가공식품 위주로 변화되고 있다는 점, 그리고 국제곡물가격의 상승은 3~6개월 간의 시차를 두고 국내가격에 영향을 미치게 된다

---

[9] 2009년의 곡물수입국 세계순위는 ①일본(23.9백만톤), ②이집트(15.3백만톤), ③한국(13백만톤), ④사우디아라비아(12.4백만톤), ⑤멕시코(11.8백만톤) 등의 순이었다(USDA, 2010.8.)

는 점 등을 고려할 때 가공식품 원료농산물(밀가루, 설탕 등)과 사료가격의 안정화를 위한 원료농산물의 안정적인 공급기반 확보는 농업부문의 주력산업으로 등장하고 있는 축산업과 가공산업의 안정적인 발전기반 확보와 물가안정 차원에서 매우 중요한 과제인 것이다.

그동안의 해외농업개발은 시장개방과 관련된 국내농업보호 논리에 의해서 민간부문 위주로 소극적으로, 그리고 소규모로 추진되어왔기 때문에 뚜렷한 성공실적이 없다는 것이 사실이다. 그러나 최근에 발생한 국제식량위기를 계기로 하여 무역자유화만으로는 바람직한 식량안보수준을 확보할 수 없다는 인식이 확산되고 있다.

이에 따라서 막대한 초기투자 소요와 다양한 Country risk 극복 등 고비용, 고위험성 사업인 해외농업개발의 성공적인 추진을 위해서는 공기업의 참여가 필요하다는 인식이 확산되면서 유망진출지역에 대한 정부 차원의 탐색작업도 활발하게 진행되고 있다.

그러나 「글로벌경쟁시대」라는 시대적인 여건을 감안할 때 해외농업개발은 다음과 같은 성공조건을 갖춰야 한다.

무엇보다도 국제경쟁력을 갖춘 농산물을 생산하여 수출하고 있는 지역(국가)중에서 투자진출대상국을 선정해야 한다. 이를 위해서는 현재 수준에서도 수출경쟁력이 있는 농산물을 생산하여 해외시장으로 수출하고 있는 지역(나라)을 진출지역으로 선택해야 한다.

평상시에는 국제시장으로 수출하고 비상시에는 한국의 국내시장으로 반입할 수 있는 국제경쟁력을 보유한 지역으로 진출하는 것이 성공가능성을 높이는 가장 중요한 조건이 된다는 것이다.

최근 들어 사료곡물생산을 위해서 러시아의 연해주나 동남아의 필리핀 등지로 해외농업 진출을 검토하는 경우가 늘고 있다. 연해주나 필리핀은 우리나라와 가깝기 때문에 물류비용 면에서는 현저한 비교우위를 확보하고 있다. 그러나 곡물생산성에서는 주요수입국(미국)의 1/3수준에 불과하므로 한국도착가격 기준으로는 경쟁력이 뒤처질 수밖에 없다. 이 때문에 이들 지역에서 생산된 곡물이 한국으로 수출된 적이 없는 것이다.

아무리 한국 투자(공기업 또는 민간기업)에 의해서 생산된 농산물이라 할지라도 다른 나라에서 도입되는 농산물보다 비싸다면 생산물의 국내외 수요처(사료업체, 가공업체)를 확보하기가 어려울 것이기 때문에 해외투자의 성공가능성은 낮아질 수밖에 없다.

브라질은 세계적인 곡물생산대국인 동시에 2009년 현재 미국, 우크라이나, 호주에 이은 제4위 한국의 곡물수입국이므로 한국의 농업진출지역 선정기준에 적합한 나라로 볼 수 있다.

다음으로 곡물의 글로벌가치사슬의 어떤 과정에 어떻게 접근하는 것이 가장 저비용·저위험·고수익을 달성할 수 있는지에 대한 전략적인 의사결정에 의한 단계적인 진출전략의 수립이 필요하다.

브라질에서는 국제적인 다국적기업들이 오래 전부터 진출하여 곡물생산과 유통사업에 참여하면서 브라질의 곡물수출을 주도적으로 담당하고 있다. 일본 역시 국제협력사업(JICA)차원에서 브라질 정부와의 협력을 통하여 「세하도」 지역의 곡물(대두)개발 수입사업을 20여년 전부터 수행하고 있다. 외국기업이 브라질 곡물 생산과 유통사업에 진출하여 성공하고 있다는 사실은 한국기업도 브라질 농업진출사업을 성공시킬 수 있다는 살아있는 증거가 된다.

외국기업의 브라질 농업진출전략을 벤치마킹하면서 소위 「브라질 코스트」라고 불리우는 Country Risk 극복과 대처능력 향상 및 성공요인 파악 등을 통하여 단계적인 사업확장계획을 추진함으로써 지구촌 미래의 식량기지로 꼽히는 브라질 농업진출의 길을 열어야 한다.

02

약속의 땅, 브라질

제2장
약속의 땅, 브라질

1. 잠재력이 큰 미래 강대국, 브라질

이코노미스트(The Economist)지는 2007년 11월에 "신은 브라질 사람(God is Brasilian)"이라는 제목의 기사를 실었다. 브라질 아마존 삼림이 세계에서 가장 방대하고 토양이 비옥할뿐만 아니라, 지하에는 막대한 지하자원이 매장되어 있다. 현재 자원 이외에도 브라질 연안에서 수십억배럴 이상의 석유가 잇따라 발견되어 에너지 강국으로 발돋움하고 있는 것을 부러워하는 기사였다.

아마존 밀림의 나라, 삼바춤의 축제의 나라, 펠레와 호나우도가 펄펄 뛰는 축구의 나라, 오렌지 주스의 따봉의 나라, 그리고 신흥강국 브릭스(BRICs)의 선두주자로서 제3세계 지도국가인 브라질.

우리나라와 지구 반대편에 위치하고 있는 브라질(Federative Republic of brasil)은 정말 큰 나라이다.

851만 4천㎢에 달하는 영토 기준으로는 러시아, 캐나다. 미국, 중국 다음으로 전 세계 5위 국가로서 전 세계 육지면적의 5.7%를 차지하고 있다. 브라질영토 크기는 알래스카를 제외한 미국면적(814만㎢)이나 호주대륙(769만㎢)보다 크고 한반도의 38배를 넘는다.

표(5) 브라질의 일반적 개황(2010)

구분		내용
국 명		브라질연방공화국 (Federative Republic Brasil)
정부형태		연방공화국
수 도		브라질리아(Brasilia)
행정구역		26개주와 1개 연방구(브라질리아)
정치형태		상하양원제
국토면적	전체	8,514.88㎢
	토지	8,457.42㎢
	내수면	54.46㎢
인구	전체인구	198,739천명
	인구증가율	1.20%
	인구밀도	23.3명/㎢
연령분포	0~14세	26.7%
	15~64세	66.8%
	65세 이상	6.4%
민족구성 (2000 Census)	백인	53.7%
	물라토	38.5%
	흑인	6.2%
	기타	1.6%

자료 : CIA Factbook, 2010.9

단순한 영토의 크기뿐만 아니라 영토의 질(質)에서는 단연 으뜸
이다. 영토대국들의 땅이 극지방에 인접해 있거나 수자원의 부족
으로 이용가능성이 크게 제약받고 있는 것에 비해서 브라질의 땅

은 대부분이 경제적으로 이용가능한 땅이다. 브라질은 전세계 경작가능토지의 22%를 보유하고 있으며 대부분의 농지가 이모작이 가능한 기후조건을 갖추고 있다. 양질의 토양과 농업에 유리한 기후조건 때문에 브라질은 사탕수수, 커피, 오렌지주스, 쇠고기, 닭고기 등을 수출하는 세계 1위의 농업대국이다. 영국「파이낸셜타임즈」에 따르면 브라질은 현재 약 6천2백만ha를 경작지로 활용하고 있으며 앞으로 미국의 전체경작지에 해당하는 1억7천만ha를 새로운 경작지로 조성할 수 있다고 한다.

그림(2) 남미 대륙의 국가들

브라질은 남미대륙의 대서양 쪽의 대부분을 차지하면서 대륙의 중앙부로 펼쳐져 있으며 남미대륙 면적(17,840㎢)의 대략 절반(47.7%)을 영토로 하고 있다.

북으로는 프랑스령 기아나, 수리남, 기아나, 트리니다드토바고, 베네수엘라 등 4개국과 접경해 있고 태평양 쪽으로는 콜럼비아 페루 등 2개국과 내륙국가인 볼리비아, 파라과이 등 2개국과 접경해 있으며 대서양 쪽의 브라질 남쪽으로는 아르헨티나, 우루과이와 접경하는 등 총 9개국과 접경해 있다. 남미대륙의 국가들 중에서 브라질과 접경하지 않은 국가는 태평양 쪽의 에콰도르와 칠레 등 2개국 뿐인 큰 영토를 가진 나라인 것이다.

2억명(198,760천명, 2010.6)에 육박하고 있는 인구규모 역시 중국, 인도, 미국, 인도네시아 다음의 세계 5위 국가이다.

단순한 인구규모 뿐만 아니라 인구구성 측면에서 순혈주의(純血主義)적 시각에서 보면 가장 세계화가 진전된 나라이다.

1500년 포르투갈의 탐험가 카브랄(Pedro Alvares Cabral, 1467/68~1520)이 브라질을 발견한 이후 브라질에 처음으로 정착한 포르투갈인들과 인디오원주민 사이에서 메스티소(Mestizo)라는 혼혈종이 탄생되었다.

그리고 나중에 들어온 포르투갈인들은 노예로 팔려 들어온 아프리카인과의 사이에서 물라토(Mulato)라는 또 다른 혼혈종을 탄생시켰다. 1888년에 노예제도가 폐지되면서 브라질에서 인종에 대한 구분은 점차 의미가 퇴색되었다. 메스티소와 백인간의 결합

이 늘어나면서 물라토보다는 메스티소에 속하는 갈색피부를 가진 사람들이 더 많아졌다. 브라질 국민들은 인디오 원주민 이외에 백인, 메스티소혼혈, 물라토혼혈 그리고 흑인 등으로 크게 인종이 구분되는 그야말로 인구구성이 세계화된 나라이다.

16세기 초반에 인디오 원주민은 대략 400만명 정도였다고 한다. 포르투갈에 의한 식민통치가 시작되면서 16세기에 포르투갈인 5만명과 아프리카 노예 5만명이, 그리고 17세기에 포르투갈인 5만명과 노예 55만명이 브라질에 정착하였다. 18세기에 다시 포르투갈인 60만명과 아프리카인 160만명이 브라질에 들어왔다. 노예무역금지법이 공표(1850년)되기 전까지 19세기에 들어와서도 130만명의 아프리카인들이 더 들어왔다.

노예무역이 금지되고 커피산업이 폭발적으로 증가하면서 브라질은 주로 유럽에서 노동이민 약 500만명(절반 이상이 이탈리아인)을 받아들여서 오늘날의 브라질 인구를 형성하게 되었다.

다양한 인종과 새로 형성된 인종이 브라질이란 한 울타리 속에서 어울려 살면서 다양한 종교와 생활양식 속에서 다양한 문화를 빚어내면서 살고 있는 브라질은 인종과 문화적 측면에서 큰 나라이다.

경제와 정치적인 면에서도 브라질은 큰 나라이다. 2003년 세계적인 투자자문회사인 골드만삭스는 브라질을 중국, 러시아, 인도와 함께 21세기를 선도할 신흥강국으로 지목한 바 있다.

한 때 초인플레이션과 불안한 정치상황 그리고 기술과 자본의 부족으로 허덕이던 브라질이 물가안정과 투자확대를 통하여 브릭스(BRICs)의 대표주자로 인정받으면서 국제경제와 정치질서의 전면에 나서게 된 것이다.

표(6) 브라질 국내총생산(2007~2009)

구분	2007	2008	2009
국내총생산(GDP), PPP(조달러)	1,919	2,017	2,013 (세계 10위)
GDP 성장률(%)	6.1%	5.1%	−0.2%
1인당 GDP(달러)	9,900	10,300	10,100 (세계 107위)

자료 : CIA Factbook, 2010.9

2009년 현재, 브라질의 GDP는 세계10위로 2조달러를 넘어섰으며 해외투자유치액(FDI)은 3천3백억달러 수준으로 세계11위이다. 게다가 금융위기 이전까지 5% 내외의 안정적인 경제성장률을 보였으며, 세계금융위기의 여파도 다른 개도국에 비해서 덜한 것으로 평가되는 등[10] 브라질 경제는 1960~1970년대의 황금기에 버금가는 호황을 누리고 있다.

경제성장에 따라 브라질의 소비시장 규모는 2007년의 7천8백억달러에서 2012년에는 1조달러로 성장하게 될 것이라고 한다. (유로모니터인터내셔널)

---

10) 2008년 세계경제위기에도 불구하고 2천억달러 이상의 외환보유고, 5% 수준의 경제성장률과 5% 이하의 물가수준을 유지하는 브라질은 정치·경제적으로 안정된 모습을 보이고 있다.

2007년 말 기준으로 연간소득 8천달러 이상인 사람이 전 인구의 61%인 1억 1,400만명이고 3만5천달러 이상의 고소득자도 전체 인구의 15%인 2천8백만명에 달한다는 것이다.

2009년 현재 물가상승률은 4.2%를 유지함으로써 세계금융위기에도 불구하고 안정적인 모습을 보이고 있다. 국내총생산(GDP)중에서 농업은 6.1%, 제조업은 25.4%, 서비스업은 68.5%로 선진국형 경제구조를 지향하고 있으며 실업률은 8.1%이다. 그러나 빈곤선인구(구매력기준 1달러 이하의 소득으로 하루를 살아가는 사람)는 전 인구의 26%를 차지하고 있으며(2008), 이에 따라 지니(Gini)계수도 56.7%에 이르고 있는 등 소득의 양극화현상이 심각하다. 총 수출액은 1,530억달러로 총수입액(1,277억 달러)을 20% 정도 상회하고 있다.

표(7) 브라질 경제구조(2009)

물가상승률	4.2%
GDP 구성	농업(6.1%), 제조업(25.4%), 서비스업(68.5%)
취업 구조	농업(20%), 제조업(14%), 서비스업(66%)
실업률	8.1%
빈곤선인구(2008)	26.0%
지니계수(2005)	56.7
총 수출	1,530억달러
주요 수출품목	운송장비, 철광석, 콩, 신발, 커피, 자동차
총 수입	1,277억달러
주요 수입품목	기계, 운송장비, 전기화학제품, 석유, 자동차 부품, 전자제품

자료 : CIA Factbook, 2010.9

남미대륙의 지도국가로서 라틴아메리카의 "골목대장" 이었던 브라질이 경제력 상승과 함께 제3세계의 지도국가에서 세계의 지도국가로 발돋움하고 있다.

서방선진국 모임이라 불리는 G8에 고정손님으로 초청되어 범세계적인 문제에 자신의 목소리를 내고 있으며 G20과 WTO도하라운드 및 UN개혁 등 굵직굵직한 국제회의에는 빠짐없이 속하고 있는 것이 오늘날의 브라질 위상이다.

개도국 중에서 특히 신흥강국인 브릭스(BRICs)중에서도 자원위기 앞에서는 다같은 입장이 아니다. 브릭스 국가 중에서 자원소비형 성장국들인 중국과 인도 및 자원공급형 성장국가인 브라질과 러시아는 서로 입장차이가 크다. 세계적인 금융위기 속에서도 브라질에 대한 해외투자가 늘어나고 있는 것은 풍부한 천연자원을 가진 브라질의 경제기반이 튼튼하다는 증거인 것이다.

물가상승률과 경제성장률 등 외형적인 수치 이외에 수치화되지 않은 중요한 변화가 브라질을 세계의 대국으로 이끌고 있다. 안정된 경제를 바탕으로 브라질 국민들이 자신감을 회복하여 세계화를 기회로 보기 시작한 것이다.

세계화에 의한 개방확대는 "일자리를 빼앗아 가는 위협"이라고 보고 대응하고 있는 중남미의 여러 나라와는 달리 그동안의 개혁정책의 성공에 대한 자신감을 바탕으로 하여 적극적인 개방과 신시장주의적인 개혁정책이 필요하다는 국민적 공감대가 널리 형성되고 있다는 것이 브라질을 지구촌의 경제대국으로 이끌고 있는 또 다른 동력인 것이다.

풍부한 지하자원과 식량자원을 보유한 나라, 태풍이나 지진, 해일 등의 자연재해도 거의 없는 나라, 풍부한 인적자원과 기술력, 국제외교무대에서 커지고 있는 위상 등 요인은 브라질을 미래의 강국으로 이끌고 있다. 이 때문에 세계적인 투자자문회사인 골드만삭스는 브라질이 2050년에는 G6의 위치에 서게 될 것이라고 평가하고 있다.

바야흐로 에너지 위기와 함께 식량위기가 가시화되고 있는 오늘날, 브라질은 지구촌경제를 이끌고 나갈 "내일의 나라"로 세계인의 주목을 받고 있는 것이다.

2. 풍부한 자원국가, 브라질

스페인이 중남미를 발견했을 때는 잉카와 마야 등 고대문명국가가 있었기 때문에 그들이 보유하고 있는 황금이나 보석들을 약탈할 수 있었다. 그러나 포르투갈이 개척한 브라질에는 이렇다할 고대문명이 없었기 때문에 원주민으로부터 약탈할 수 있는 수확물도 보잘 것 없었다.

그래서 중남미 지역은 "정복했다"라는 표현을 쓰는 대신에 브라질은 "발견했다" 라는 표현을 쓰기도 한다.

기원전 12,000여년 전에 유라시아 대륙으로부터 넘어온 것으로 추정되는 원주민들은 채집·수렵 경제방식으로 소규모로 분산되어 살아오면서 석기시대의 모습을 유지하고 있었다. 이 때문에 토착원주민의 저항이 미약하여 포르투갈이 쉽게 점령하여 거대한 영토를 이룰 수 있었으며 이방인인 백인과 흑인 혼혈 중심의 나라로 포르투칼어를 사용하는 단일국가가 될 수 있었던 것이다.

브라질의 원주민들이 중미와 남미 안데스지역의 아즈테, 마야, 잉카 등과 같은 고대문명을 이루지 못했던 가장 큰 이유는 브라질 평원에 동·식물이 풍부하여 수립·채집경제가 발달했기 때문이라고 한다. 문명생활의 기초인 정착생활이 결여된 관계로 농경을 통한 잉여생산과 사회계층의 분화와 전문화 등 고대적 지배체계가 브라질에서는 형성되지 않았기 때문이라는 것이다.

브라질 평원에 부존되어 있는 방대한 자원은 고대국가 형성을 저해한 중요한 요인이었지만 오늘날에는 브라질을 지구촌의 미래 강대국으로 이끌 핵심적인 요소로 작용하고 있는 것이다.

1) 방대한 식량생산자원

지구촌 번영의 과제 중의 하나는 식량공급능력 확보이다. 증가하는 인구와 소득 수준 때문에 식량수요는 날로 커지고 있으나 식량공급능력은 제한적인데다가 기상이변의 심화 등 이유로 식량위기 가능성마저 커지고 있기 때문이다.

식량생산 잠재력이란 측면에서 브라질은 단연 돋보이는 나라이다. 브라질의 영토는 극지방에 위치한 러시아나 캐나다 등과는 달리 기후가 온난한 지역에 위치하고 있다. 사막화가 진전되고 있는 중국과 미국, 호주 등지에 비해서 수자원도 풍부하다.

브라질은 세계 경작가능토지의 22%를 차지하고 있으며, 현재에는 경작가능면적의 1/3 정도만 경작에 이용되고 있다. 적절한 강우량으로 수자원이 풍부한 이외에 온난한 기후조건까지 갖추고 있어서 현재 수준에서도 세계 유수한 식량생산국이자 수출국이다.

전 국토의 20%가 초원지대이므로 초식동물의 사육여건이 좋아서 세계 최대의 소 사육국가(2억마리)인 동시에 쇠고기 수출국이다. 브라질의 전통적인 농산품은 커피(생산 및 수출 1위)와 설탕(생산 및 수출 1위)이었다. 최근 들어 오렌지(생산 및 수출 1위) 외에도 담배와 면화 등 작물분야에서도 영역을 넓혀 나가고 있으며 대두에서도(생산 2위, 수출 1위) 미국을 위협하는 정도로 그 위상이 커지고 있다.

국제유가(油價)의 변동성이 커지면서 세계 대체에너지 시장을 주도하고 있는 브라질에 대한 관심도 날로 커지고 있다.

브라질은 세계 최대의 바이오에탄올 생산국이자 수출국이다. 세계에서 가장 먼저 바이오에탄올 연료의 상용화(商用化)에 성공했으며 이를 바탕으로 세계대체에너지 시장을 주도하고 있기 때문이다.

바이오에탄올은 옥수수, 사탕수수, 밀, 감자, 보리 등을 발효시켜서 제조되는데 브라질에서는 사탕수수를 원료로 하여 생산성에서나 비용측면에서 탁월한 바이오에탄올을 생산, 수출하고 있다.11)

---

11) 사탕수수는 옥수수에 비해서 생산성이 2배 이상 높기 때문에 곡물생산을 줄이지 않으면서 대체에너지 대량생산이 가능하다는 점을 브라질정부는 강조하고 있다.

브라질은 전 세계 사탕수수의 34%, 전세계 설탕의 18.5%, 전 세계 에탄올의 37%를 생산하고 있으며 전세계 에탄올 수출량의 37%를 차지하고 있다.

브라질이 대체에너지 강국으로 주목받고 있는 이유는 대체에너지 생산에 소요되는 작물(사탕수수, 옥수수)을 경작할 수 있는 땅이 많기 때문이다.12)

브라질의 총면적(8억 5,100만ha) 중에서 아마존지역 등 보호지역 및 도시지역을 제외한 경종농업 가능지역은 2억 7,600만ha이다. 이 가운데 72%가 목초지이고 16.9%가 곡물경작지이며 2.8%가 사탕수수 재배에 이용되고 있다. 따라서 목초지의 일부를 사탕수수 재배지역으로 전용한다면 브라질의 에탄올 증산가능성은 무궁무진하다고 할 수 있다.

브라질에서 생산되는 에탄올은 이미 경쟁력을 갖추고 있다. 석유가격이 40$/bbl를 넘으면 에탄올의 경쟁력은 확보된다고 한다. 2008년도에 석유가격이 100$/bbl를 넘어섰을 때 전세계가 브라질로 몰려든 것은 너무나 당연한 일인 것이다.

에탄올 시장의 성장가능성도 무척 크다. 에탄올을 자동차 연료의 10%만 섞는다고 해도 미국의 에탄올 수요량은 연간 520억ℓ가 필요하다. 현재의 미국에탄올 생산량은 160억ℓ이기 때문에 미국시장의 잠재력은 상당히 크다. 일본, 중국, 인도, 유럽의 시장도

---

12) 에탄올 생산가능지의 8.2%만 현재 에탄올 원료작물재배에 이용되고 있다.

미국시장의 잠재적 확대가능성 보다 못지않게 크다. 에탄올의 수송용 연료이용이 전세계적으로 확대된다면 에탄올은 국제원자재의 한 품목으로 인정되어 거래가 보다 활성화될 수 있을 것이다.

바이오에너지 한 품목만으로도 브라질의 농업부문과 가공산업의 성장잠재력은 가히 짐작할만하다.

2) 풍부한 지하자원

브라질 북부에 위치하고 있는 아마존지역의 천연자원은 아직까지 제대로 조사가 이루어지지 않은 상황인 현재 상태에서도 브라질의 지하자원 보유량은 엄청나다.

표(8) 브라질의 주요 지하자원 매장량(2004년)

종류	매장량(톤)	세계순위	세계비중(%)
니오륨	4,300,000	1	96.9
탄달	88,652	1	46.3
흑연	104,817,000	2	26.8
알루미늄	2,729,000,000	3	8.3
질석	12,000,000	3	5.7
마그네사이트	345,000,000	4	8.9
주석	731,508,000	5	11.0
철광석	26,706,000,000	5	7.2
망간	131,632,000	5	2.5

자료 : 브라질 DNPM(광물자원생산관리국)

브라질은 현재 총 70여종의 광물(비철금속 45종, 금속광물 20종, 에너지광물 4종 등)을 생산하고 있다.

대표적인 자원은 철광석(매장량 5위, 생산량 2위), 니오륨(매장량, 생산량 1위), 탄탈(매장량 1위, 생산량 2위), 알루미늄(매장량 3위, 생산량 2위), 주석(매장량, 생산량 5위), 흑연(매장량 2위, 생산량 3위), 망간(매장량 5위) 등이다.

최근 들어 브라질의 잇따른 심해유전 발견으로 산유국으로서의 브라질의 위상도 크게 높아지고 있다.

2006년에 석유자급 목표를 달성한 브라질은 조만간 세계 6대 산유국으로 부상할 것으로 전망되고 있다.

브라질의 남동부지역인 대서양 연안에서 2007년 10월 이후 심해유전이 잇따라 발견되면서 원유매장량이 현재보다 최소 6배 정도나 많아질 것으로 예상되고 있다.

2007년말 브라질의 원유매장량은 139억 배럴로 세계 15위였지만 2007년 10월 발견된 뚜비(Tupi), 주피터(Jupiter)유전과 2008년 4월에 발견된 까리오까(Carioca)유전을 합칠 경우 총 매장량은 850억 배럴로 세계 6위로 뛰어오르게 될 것으로 전망되며, 이 때문에 세계 언론은 브라질이 남미의 사우디아라비아가 될 것이라며 높은 관심을 보이고 있는 것이다.

3) 풍부한 인적자원

2억명에 육박하고 있는 브라질 인구의 평균연령은 28.9세로 중국(35세), 러시아(38세) 보다 상당히 젊다.

전체 인구의 66.8%가 15~64세 인구층이고, 0~14세 연령층이 26.7%인 반면에 65세 이상의 노령층은 6.4%에 불과하다. 15세 이상인구의 88.6%가 읽기 쓰기 능력도 갖추고 있다. 브라질의 교육열도 상당히 높아서 교육비 지출액은 GDP의 4%(2004)를 넘고 있으며 브라질인의 평균교육년수는 14년이다.

표(9) 브라질 인구구조의 특성

인구 수		
총인구(명)	198,739,269	100.0%
남자(명)	98,271,218	49.45%
여자(명)	100,468,051	50.55%
연령구조		
0~14세	53,155,124	26.7%
15~64세	132,851,833	66.8%
65세~	12,732,312	6.4%
평균연령(세)	28.9(남 28.1, 여자 29.7)	
문자해독률(15세이상)	88.6(남자 88.4%, 여자 88.8%)	
평균 교육년수	14년(남자 14년, 여자 15년)	
교육지출비	4% of GDP(2004)	

자료 : CIA Factbook, 2010.9

브라질의 노동자 임금수준은 비교적 싸다. 브라질 통계청에서 매월 진행하고 있는 월별 고용조사 결과에 의하면 2008년 12월의 평균임금은 730.11헤알(R$)로 공식환율 1:1.8로 환산하면

433USD/월 수준이다.

그러나 이 임금수준은 대도시지역과 중소도시 사이에서 크게 차이가 난다. 예컨대 브라질 최대도시인 상파울로시(인구 17,333천명)와 식민지시대의 브라질 수도였던 살바도르시(인구 2,892천명)의 임금수준은 1.5배의 차이가 나고 있다.

표(10) 브라질 대서양 연안도시의 월별임금수준

단위 : 헤알(R$)

기간	평균	Recife	Salvador	Belo Horizonte	Rio de Janeiro	sao paulo
2008						
January	633.59	431.92	433.11	596.35	690.1	665.97
February	620.53	495.43	438.36	579.66	685.68	631.67
March	662.55	386.32	490.67	718.12	679.25	695.14
April	634.67	444.06	466.84	642.01	675.6	652.8
May	667.54	379.38	461.62	673.28	707.91	698.42
June	671.88	394.83	466.92	703.6	685.37	700.13
July	688.27	406.58	491.53	683.04	745.59	705.92
August	722.58	481.11	516.99	682.22	770.25	751.72
September	696.91	415.45	472.17	681.84	729.35	741.84
October	717.9	415.84	470.32	676.06	782.13	769.54
November	713.65	442.07	466.5	670.17	787.94	756.7
December	730.11	495.72	488.35	706.61	766.11	772.73
2009						
January	711.67	509.48	481.01	673.62	797.52	727.41
February	720.51	472.62	468.55	744.17	742.44	764.76

지료: IBGE, Diretoria de Pesquisas, Coordenação de Trabalho e Rendimento, Pesquisa Mensal de Emprego.

그림(3) 브라질의 주요 도시

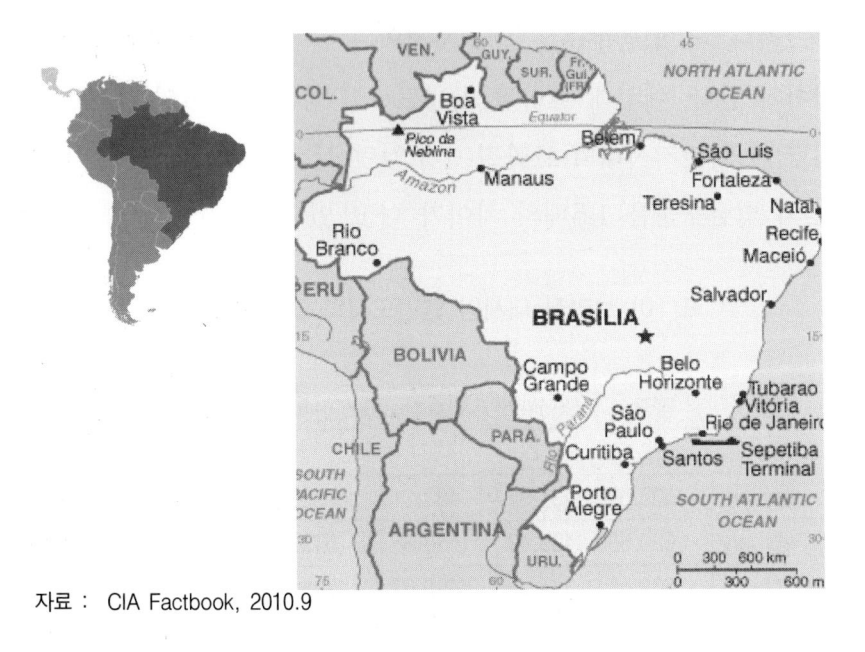

자료 : CIA Factbook, 2010.9

브라질의 풍부하고 질 좋은 노동력자원은 브라질의 중요한 성장잠재력이 되고 있는 것이다.

또한 브라질의 거대한 인구규모는 중남미지역의 최대 내수시장을 형성하고 있기 때문에 대부분의 산업이 규모의 경제(Economy to scale)를 쉽게 실현시킬 수 있다는 잇점도 있다.

4) 브라질의 경쟁력을 뒷받침하는 기술력

거대한 내수시장을 바탕으로 하여 종래에는 자급자족형 산업화정책을 추진하는 과정에서 100여년 전부터 다국적기업들이 브라질에 진출하여 토착화13)하고 있었다.

특히 WTO체제 출범 이후 그리고 1995년 남미공동시장 (MERCOSUL)[14]출범 이후, 무역자유화와 시장개방정책으로 전환하면서 다국적기업들의 브라질 시장 진출이 급증하였다.

다국적기업들은 에너지, 자동차, 전자, IT 등 주요제조업 분야에서 기술이전을 통한 생산과 판매활동을 수행하면서 브라질 제조업의 국제경쟁력 향상을 견인하고 있다.

브라질 산업계의 자체 평가에 따르면, 브라질은 농축산업, 광업, 철강, 전기전자, 수송재료, 식품, 섬유, 신발산업 등 분야에서 상대적으로 높은 국제경쟁력을 보유하고 있다.

생산규모 면에서도 냉장고 컴프레셔와 신발, 상업용 중소형 비행기 생산이 세계 3위를 차지하고 있으며, 파스타, 맥주, 세라믹 생산도 세계 4위, 실크생산이 세계 5위, 자동차, 시멘트, 밀크, 담배 등이 세계 6위를 차지하고 있다.[15]

브라질 상품의 경쟁력은 과학기술의 발전에서도 찾을 수 있다. 2003년 조지아기술연구소의 발표에 의하면 현재의 브라질 첨단

---

13) 브라질은 다국적기업의 천국이다. 다국적기업들은 이미 100년 전부터 브라질에 진출하였기 때문에 이미 토착화되어 임원들이 대부분 브라질인들이다. 토착화된 다국적기업들은 토종기업과는 달리 기업이윤의 사회환원에 적극적이기 때문에 이들 기업에 대한 브라질 정부의 인식은 좋은 편이다.

14) 메르코수르란 메르카도 코문 델 수르(Mercado Comun del sur)의 약자로 남쪽 지방 공동시장을 뜻한다. 현재 회원국은 브라질, 아르헨티나, 우루과이, 파라과이이고, 칠레 볼리비아, 페루, 에콰도르, 콜롬비아가 준회원국이며 베네수엘라의 가입이 조만간 이뤄질 예정이므로 사실상 남미 전체를 아우르는 경제협력체라고 할 수 있다. 우리나라는 한·MERCOSUR 간 무역과 투자의 증진을 위한 공동협의체 설립 양해각서(MOU)를 2009년 7월 서명한 상태이다.

15) 편무원, 「기회의 나라, 브라질」 도서출판 해와달, 2009.10.

기술 지수는 미국의 절반 수준에 불과하며 BRICs 국가들 중에서
도 가장 낮은 것으로 평가되고 있다. 그러나 미래의 첨단기술 능
력은 한국과 함께 미국의 3/4수준 정도로 발전할 것으로 전망하
고 있다.

최근 브라질은 유전자 개량, DNA 등 생명과학 분야와 바이오
에너지 우주항공기술 등 분야에서는 세계적인 기술력을 자랑하고
있다.

표(11) 국별 첨단기술 지수(high Tech, Indicator value)비교

국가명	첨단기술지수	현재의 첨단기술능력	미래의 첨단기술능력
미국	85.4	42.7	44.4
일본	74.4	47.0	46.7
한국	64.7	34.4	30.0
브라질	43.5	26.9	30.0
러시아	51.6	30.0	27.1
인도	49.2	30.8	34.3
중국	55.7	31.4	27.0

자료 : Georgia Institute of Technology Policy and Assesment Center, High Tech, Indicator 2003 Summary Report.

브라질의 과학기술분야 중에서 특히 농업연구원(Embropa)이
주도하고 있는 농업기술과 대체에너지와 에탄올자동차개발 분야
및 우주항공기술 등은 브라질의 대표적인 기술로 국제사회에서
인정받고 있다.

(1) 브라질 농업연구원(Embropa)의 생명공학기술

브라질 농업연구원은 군사정부시절인 1973년 농업부 산하기관으로 설립되어 열대작물연구 분야의 세계적인 리더가 되었고 현재는 생명공학 및 바이오에너지 분야로 연구 분야를 확장하고 있다.

그림(4) 브라질의 커피농장과 면화 농장

〈브라질 커피농장〉

〈브라질 면화농장〉

특히 수세기 동안 불모의 땅으로 버려졌던 브라질 중부의 사바나지역에 인과 석회를 투여하여 토질을 개선한 후 온대지방의 작물로만 알려졌던 대두 40여종을 개량하여 사바나지역을 곡물벨트로 바꾸어 놓은 업적은 세계가 인정하고 있다.

현재 브라질은 대두, 신선우육, 커피, 오렌지, 면화의 세계 최대 수출국가인데 이러한 작물의 3/4을 사바나 지역에서 생산하고 있다.

농업연구원은 화석연료의 대체연료인 에탄올과 바이오디젤의 개발에도 앞장서고 있다.

(2) 대체에너지 개발기술

브라질은 기후조건이 양호해서 연중 에탄올 생산이 가능하다. 북부지역은 매년 11월부터 다음 해 4월까지 사탕수수를 수확하며 중부와 남부지역은 6~11월까지 사탕수수를 수확하기 때문에 원료의 연중 안정적인 확보가 가능하기 때문이다. 또한 에탄올 생산 공장의 평균 생산성은 사탕수수 1톤당 70~80ℓ에 달하고 있는데 이는 주로 지속적인 기술개발의 성과인 것이다.

2007년 현재 브라질의 사탕수수 재배면적은 약 300만ha인데 앞으로 4,200만ha까지 재배면적의 확대가 가능하며, 이를 통하여 에탄올 생산량을 2,500억ℓ로 늘릴 수 있다는 것이다.(브라질 전략경영연구센터, CGEE)

브라질은 에탄올 뿐만 아니라 대두, 아주까리, 해바라기 등 채유식물을 이용하여 바이오디젤을 개발하고 있다.

2009년 현재 바이오디젤 소비량은 12억 6천만ℓ인데, 2010년에는 연간 소비량이 16억ℓ 수준으로 늘어날 전망인 것이다. 이를 통하여 연간 10억USD 이상의 디젤 수입대체효과를 거두고 있다.

브라질 전략경영연구센터(CGEE)는 2025년까지 전세계 가솔린 소비량의 10%를 바이오에너지로 대체할 수 있을 것으로 전망하고 있다.16)

세계 최대의 사탕수수 유전자개량기업인 브라질의 까나비알리스(CanaVialis)사는 당분함량이 높고 수확사이클이 짧은 새로운 품종을 개발하고 있으며 알레릭스(Alellyx)사는 ha당 에탄올 생산성이 80%가 높은 사탕수수 품종과 함께 당분함량이 높고 가뭄저항성이 높은 2개의 유전자 조작(GMO) 사탕수수 품종을 개발 중인 것으로 알려져 있다.

(3) 항공기 제작기술

브라질의 항공기 제작기술은 세계적인 수준이다. 브라질 정부는 광활한 밀림지역과 넓은 국토를 연결할 수 있는 운송수단의 제약을 극복하기 위하여 1940년대부터 항공부를 설치하고 항공우주기술센터를 설치하는 등 항공산업을 적극 육성하였다.

1965년에 브라질 최초의 경 수송기를 개발했으며, 1969년에는 국영항공기 제작회사인 EMBRAER(Empresa Brasileira de Aeronautica S.A)사를 설립하여 지속적인 항공산업육성정책에 나섰다.17)

---

16) Folha de Sau Paulo, 2007.12.

1973년부터 엠브라에르사는 항공기 수출을 시작했으며 민간 항공기, 소형 제트기, 군용기 등으로 그 영역을 확장하면서 보잉, 에어버스에 이어서 세계 3위의 항공기 제조업체로 성장하고 있다.

브라질은 120인승 항공기 시장에서 세계시장 점유율 34%, 30 인승 이하 항공기 시장에서 45%의 점유율을 확보하고 있으며 현재 미국과 유럽, 중국 등 전세계 24개국에 항공기를 수출하고 있다.

그 외의 항공기 제작업체로는 프랑스와의 합작업체인 엘리브라스(Helibras)사와 초경량헬기를 제작하는 슈퍼로터(Super Roter) 사 등이 있다. 항공산업의 발달에 따라 항공기 부품 및 전자장비업체도 상파울로와 리우데자네이로 근교에 200여개소가 가동중이다.

브라질은 첨단우주기술 분야에서도 비약적인 발전을 거듭하고 있다. 1980년대에 로켓을 자체 설계·제작하는 기술을 확보했으며 2004년에는 자체 제작 로켓을 성공적으로 발사하기까지 했다.

국제 우주정거장 사업에 개도국으로서는 유일하게 브라질항공우주연구소가 참여하고 있다. 브라질항공우주연구소(AEB)에는 우주항공기술센터(CTA)와 항공기술연구원(ITA) 등 연구기관이 설치되어 있고, 알깐다라(Alcantara) 우주발사기지[18]를 보유하고 있다.

---

17) 엠브라에르사는 1990년대 이래 브라질정부가 채택한 신자유주의 정책에 따라서 정부보조금이 대폭 삭감되자 심각한 재정난을 겪다가 1994년에 민영화되었다.
18) 알깐다라 기지는 마라냥(Maranhão) 주에 위치하고 있는데, 적도상의 좋은 기후로 인해서 육안으로 관측할 수 있는 거리가 길고, 연료가 다른 지역보다 적게 들어서 위성발사비용이 20%가 절감되는 등 경쟁력이 월등한 것으로 평가된다.

3. 커지고 있는 국제외교무대에서의 위상

　브라질은 스스로를 라틴아메리카의 대부로 여기며 그 역할을 다하고 있다. 브라질, 아르헨티나, 파라과이, 우루과이 등이 참여하여 구성한 남미공동시장(MERCOSUR)은 1991년에 자유무역지대(Free Trade Area)로 출발해서 1995년에 관세동맹(Customs Union)으로 발전되고 있다.

　미국이 주도하고 있는 미주자유무역지대(FTAA : Free Trade of Americas) 협상이 농업보조금 철폐 및 서비스시장개방 등을 둘러싼 이견으로 결렬됨에 따라, 브라질은 남미시장 통합에 주도적으로 나서고 있다. 페루(2003.8), 콜롬비아(2004.10) 등 안데스공동체(ANCOM) 국가들이 협력회원국으로 가입하였으며, 베네수엘라도 정회원국으로 참여하였다.(2006.6) 이어서 과테말라 등 중미통합체제(SICA), 바하마 등 카리브연안국공동시장(CARICOM)과의 FTA 추진도 적극적으로 모색하고 있다.

　브라질의 룰라대통령의 주창에 따라 2005년 9월 출범한 남미 12개국 경제통합기구인 남미국가공동체(CSN)는 2007년 4월 정치, 경제 통합체인 남미국가연합(UNASUR)으로 확대해 나가기로 합의하였다. 이어서 2008년 5월에는 브라질에서 개최된 12개국 정상회의에서 남미국가연합 창설 협정문에 대한 서명식이 이루어지는 등 브라질 영도 하에 남미국가들은 새로운 정치, 경제통합의 길로 한걸음 더 다가서고 있다.

브라질은 1990년대 초반부터 남남(南南) 협력을 강화하면서 한편으로는 유엔안보리 상임이사국 진출을 추진해오고 있다. 브라질은 G8 정상회의에 상시 옵서버국가로 참여하고 있고, 2014년 월드컵 대회를 유치한데 이어 2016년 하계 올림픽마저 유치하는 저력을 발휘하고 있다.

브라질은 2007년 G20 각료회의에서 세계은행과 국제통화기금(IMF)의 개혁을 촉구한 바 있다. 그리고 2009년 6월 선진국 발경제위기에서 G8은 이미 한계를 드러냈으므로 G8을 G20으로 대체해야 한다는 주장을 공개적으로 제기하였다.

세계 10대 산유국으로서 특히 대체에너지 생산과 유통의 주도국으로서 브라질의 세계경제에 미치는 영향력은 갈수록 증대되고 있다. 또한 세계최대의 식량자원 보유국으로서 브라질은 국제식량 가격의 폭등에 대처하기 위해서 곡물생산을 현재 수준보다 4배로 늘릴 계획을 세우고 480억달러의 농업투자계획을 발표한 바 있다.

브라질의 에너지와 식량 등 생산증대의 엄청난 잠재력이 브라질의 국제외교무대에서의 위상을 더욱 돋보이게 하고 있는 것이다.

03

브라질의 자연환경과 농업자원

제3장
브라질의 자연환경과 농업자원

1. 여섯 개 얼굴의 브라질 자연환경

브라질을 발견한 카브랄은 단지 미지의 커다란 섬 하나를 발견했다고 생각했을 뿐, 그 중요성을 제대로 인식하지 못했다. 그래서 브라질은 가죽, 목재나 앵무새 등 이국적인 동식물을 포르투갈에 수출한다는 이유로 초기에는 "앵무새 섬"이라고 불리었다.

브라질 발견 소식을 접한 동마뉴엘 당시 포르투갈 왕은 종교적인 의미를 지닌 베라크루즈(Vera Cruze:진실된 십자가), 또는 산타크루즈(Santa Cruz: 성스런 십자가)라고 브라질을 명명했다.

그림(5) 빠우브라질 나무

〈수고(樹高) 10m가 넘는 성장목〉

브라질의 특산품이었던 브라질 나무(Pau Brasil)[19]의 이름을 따서 1503년부터 브라질이라 불리기 시작하였다.

브라질의 다양한 인종과 문화 못지않게 기후도 다양하다. 무덥고 습기 많은 아마존의 열대우림기후에서부터 겨울에 눈이 내리기도 하는 남부대초원 빰빠(Pampas)기후까지 걸쳐 있는 브라질은 여섯 개의 모습으로 나눌 수 있는 자연환경을 가지고 있다.

그림(6) 브라질 자연환경

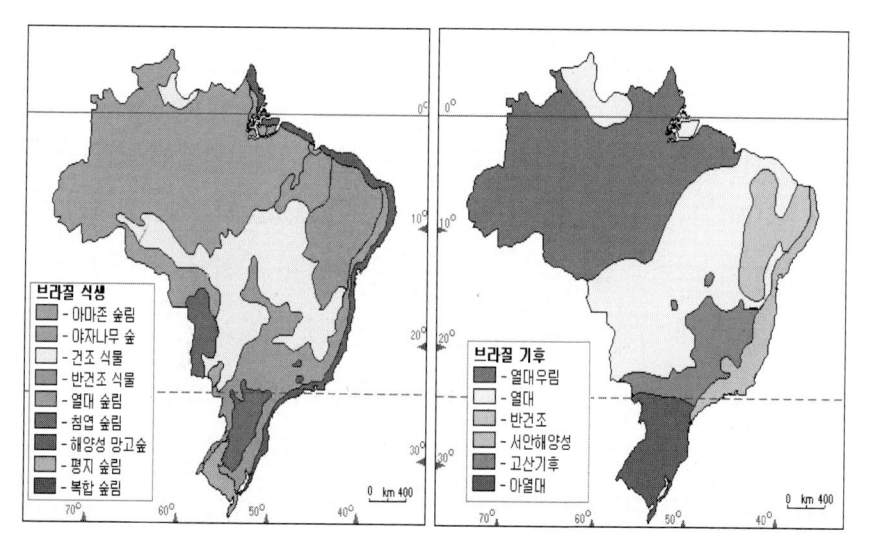

---

19) 브라질 나무는 선박건조 및 가구제조에 훌륭한 재료가 되었을 뿐만 아니라, 붉은 색 염료로 이용되었던 유용한 나무였다. 현재는 벌채로 멸종위기에 놓여 있어서, 특별보호구역을 지정하는 등 보호조치가 취해지고 있다.

브라질 대륙의 첫 번째 얼굴은 아마존지대이다. 브라질 전체 영토의 40% 정도를 차지하고 있는 아마존지역은 적도가 통과하고 있는 고온다습한 지역으로 기온은 연평균 25~27℃, 연간 강수량은 2,000~3,000㎜ 내외이다. 페루, 콜롬비아, 베네수엘라, 에콰도르, 볼리비아, 가이아나, 수리남과 프랑스령 가이아나 등과 접경하고 있으며 지구상 열대우림의 50% 이상과 다양한 종류의 생물군(生物群)이 살고 있어서 "지구의 허파" 또는 "생물자원의 보고"라고도 불리운다.

브라질 대륙의 두 번째 얼굴은 카팅가(Caatinga) 사막지대이다.

카팅가는 원주민 말로 "하얀 숲"을 뜻한다. 브라질 북동부지역의 대부분이 카팅가 기후대에 속하는데 브라질 전체면적의 10%를 차지하고 있다. 연간 강수량이 200~1,000㎜로 우기에 집중적으로 비가 내리므로 건기에는 식수와 농업용수 확보가 어려운 반건조사막지대이다. 선인장과 관목들이 넓게 분포되어 있으며 주변의 상프란시스코(São Francisco) 강물을 끌어들여서 사탕수수, 코코아, 포도, 멜론, 파파야 등을 생산한다. 거주인구는 1,400만명 정도로 매우 적다.

브라질의 세 번째 얼굴은 브라질 중부의 세하도(Cerrado)지역이다. 5~10월인 건기는 매우 건조하고 11~4월인 우기에는 800~1,200㎜에 달하는 강우량이 집중된다.

"세하도"란 말은 브라질어로 "닫혀 있다", "접근이 불가능하다"라는 의미로 1970년대 중반까지만 해도 잡초와 관목만 무성했던 사실상 버려진 땅이었다. 그러나 이 지역이 본격적으로 개발되고 난 이후에는 브라질 소사육의 70%를 담당하고 있고 목화, 대두, 사탕수수 등의 작물도 대규모로 재배되고 있는 브라질의 곡창지대로 변모하고 있다.

브라질의 네 번째 얼굴은 볼리비아와 접경지역에 위치하고 있는 서부의 판타날(Pantanal) 대규모 늪지대이다. 판타날 지역은 전세계 최대규모의 열대습지로 알려져 있는데 우기시에는 수면이 3m 나 상승하여 판타날 지역의 80%가 물에 잠겨 진흙바다가 되지만 물이 빠지고 나면 토질이 매우 비옥해진다. 마또그로수(Mato Grosso)와 마또그로수두술(Mato Grosso do Sul)주가 인접해 있다. 약 8백만두의 소가 방목되고 있는 주요 소 사육지역이며 낚시와 사냥의 천국으로 알려져 관광객이 증가하고 있으며 브라질정부는 일부지역을 국립공원으로 지정하여 보호하고 있다.

브라질의 다섯 번째 얼굴은 동부의 대서양 연안이다. 북으로 카팅가 지역과 서쪽으로 세하도 지역이 연결되어 있으므로 사바나, 열대우림, 열대건조기후가 혼재되어 있는 기후적 특성이 있다. 특히 이 지역의 열대우림지역은 식민지배가 시작된 초기부터 사탕수수재배와 도시건축을 위하여 90% 이상이 훼손되어 현재 생태보호지역으로 지정되어 보호되고 있다.

브라질의 여섯 번째 얼굴은 우르과이와 아르헨티나 접경지대에 위차한 최남부 빰빠(Pampas) 지역이다. 기후가 온난해서 19세기 이후 독일, 이탈리아, 폴란드 등 유럽이민들이 다수 정착한 지역

이다. 겨울철에 가끔 눈이 오기도 하지만 전반적으로 기후조건이
매우 좋아 전통적인 목축업뿐만 아니라 옥수수, 쌀, 콩 등 작물농
업이 발달한 지역이다.

2. 브라질 대륙의 5대 권역

국토의 대부분이 적도와 남회귀선 사이에 위치하고 있으며, 기
후는 지역에 따라 열대, 아열대, 온대로 구분된다. 열대지역은 아
마존을 중심으로 연평균 25~27℃정도이고, 강우량은 연간 3,000
㎜이다. 8월과 9월을 제외하고 연중 많은 비가 내리는 고온다습한
열대우림지역이다. 아열대 지역은 중앙고원 및 남부고원의 일부지

그림(7) 브라질의 5대 권역

역을 포함하여 5~9월은 건기로 사바나 기후에 속하고 연평균 기온은 19~28℃이다. 온대지역은 남부고원의 대부분 지역이며 기온은 연평균 17~19℃이며 강우량은 연간 1,000~2,500㎜이다.

브라질은 총 27개주와 5,564개의 시로 구성되어 있는데, 행정편의와 지리적 및 기후적 특성에 따라서 5개 권역으로 구분하고 있다.

1) 북부지역(Norte;North)

아마존과 토칸친스(Tocantins) 분지를 포함하는 북부지역은 넓은 영토에 비하여 인구가 적으며, 인디오가 가장 많이 거주하고 있고 인구성장률도 높다.

아크리(Acre), 아마파(Amapá), 아마조나스(Amazonas), 파라(Pará), 혼도니아(Rondônia), 토칸친스(Tocantins) 등 7개주로 구성되어 있으며 브라질 국토의 42%와 인구의 5%를 차지한다.

연간 평균 강우량은 2,000㎜, 기온은 연중 30℃ 전후의 열대성 기후이다.

아마존 지역은 안데스산맥에서 대서양까지 7,200㎞의 아마존강 주변의 열대밀림지역을 가리킨다. 유역면적은 705만㎢로 한반도의 32배에 달하고 전세계 담수의 20%를 차지하고 있다. 아마존 일대의 6만여종의 수목들이 울창한 숲에서 전세계 산소의 20% 이상을 공급하고 있으므로 "지구의 허파"라고 불린다.

아마존지역에는 지금까지 알려진 생물종의 1/4이 서식하는 생물자원의 보고이다. 현재까지 분류된 바에 의하면 약 6만여종의 수목과 250만종의 곤충, 2,000여종의 조류와 3,000여종의 어류, 427종의 포유류, 428종의 양서류, 378종의 파충류가 살고 있다.

아마존 지역은 생물자원 뿐만 아니라 지하자원도 풍부하다. 철, 동, 니켈, 망간, 보크사이트, 아연, 금, 다이아몬드, 우라늄, 석유 등이 매장되어 있는 것으로 알려져 있다. 특히 파라(Pará)주의 까라자스(Carajas)지역은 브라질 철광석 매장량 400억톤의 45%에 해당되는 180억톤이 매장되고 있으며, 주로 노천광으로 이루어져 있어서 채굴비용이 매우 싼 것으로 유명하다.

아마존 강 중류에 위치하고 있는 마나우스(Manaus)시는 19세기에 고무생산을 바탕으로 번성한 도시였는데, 고무경기가 침체되면서 그 영광도 사라졌다. 그러나 최근의 자유무역지대 설립으로 다시 예전의 영광을 재현하기 위하여 나서고 있다.

아마존의 삼림파괴는 매우 심각하다. 1960년대 경제개발에 착수한 이래 아마존 전면적의 18%에 해당하는 70만㎢의 삼림이 사라졌다. 그린피스 등 국제환경단체는 아마존지역에서 매년 140만 ha의 열대우림이 사라지고 있는데 고속도로와 수력발전소건설 등 무분별한 개발과 이주민들의 화전(火田)개발, 그리고 불법적인 벌목 등이 그 원인이라고 지목하고 있다.[20]

---

20) 세계자원연구소는 브라질이 미국, 중국, 인도네시아에 이어 세계온난화가스배출국 4위 이며 아마존의 열대우림파괴에 따른 가스배출로 지구온난화를 부추기는 최대요인을 제공하고 있다고 주장한다.

2007년 8월, 브라질의 국립 아마존 연구소(INPA)는 현재의 삼림파괴가 지속될 경우, 2050년에는 삼림의 40%가 사라지고 2080년이면 삼림전체가 사라질 가능성이 있다고 경고하고 있다.

브라질 정부는 아마존지역 보호를 위하여 아마존 지역 내 20만 ㎢를 자연보호지역으로 지정하고 아마존 보존을 위한 기금을 설립하였으며 인공위성을 통한 아마존 벌목 및 화재 발생을 감시하고 있다.

브라질 정부는 아마존 지역의 침체된 지역경제를 살리기 위해서 1967년에 아마존 강 중류에 위치한 마나우스시에 1만㎢의 자유무역지대(FTZ)를 설립하였는데, 무관세 혜택을 겨냥한 다국적 기업들의 입주가 증가하면서 현재 450여개의 글로벌 기업들의 생산기지로 변모하고 있다. 우리나라의 삼성전자와 LG전자 등 6개 기업과 일본의 34개 기업 및 미국의 24개 기업 등이 입주하고 있으며 50만명의 고용창출 효과를 보이고 있는 것으로 평가된다.

2) 북동부지역(Nordeste;Northeast)

북동부지역은 브라질 국토의 18%와 총 인구의 29%를 차지하고 있는 브라질에서 가장 발전이 더딘 지역으로 해안선을 따라 전개된 비옥한 토양지대와 세타오(Sertao)라는 반사막 평원의 내륙지대로 구성되어 있다.

마라냥(Maranhâo), 빠아우이(Piaui), 세아라(Ceara), 뻬르남부꾸(Pernampuco), 리오그란지두노르찌(Rio Grande do Norte),

알라 고아스(Alagoas), 세르지뻬(Sergipe), 빠라이바(Paraiba), 바이아(Bahia) 등 9개 주로 구성되어 있으며 대부분 카팅카(Catinga)사막지대이다. 식민지시대 수도였던 살바도르(Salvador: 현재 바이어주의 주도)가 위치한 이 지역은 17~18세기에 사탕수수 재배로 황금기를 누렸지만, 지금은 브라질에서 가장 낙후된 지역에 속한다. 그러나 아름답고 오염되지 않은 대서양 해변[21]과 전통적 흑인문화와 구유럽의 문화를 잘 보존하면서 관광지역으로 부상하고 있다.

이 지역의 발전에 기여한 것은 설탕산업이다. 사탕수수 농장의 노동력 확보를 위하여 1558년 이후, 수많은 흑인 노예들이 아프리카에서 이곳으로 끌려와서 세계에서 처음으로 노예시장이 형성되기도 하였다.

아프리카 문화는 수세기에 걸쳐서 이곳에 녹아들어서 독자적인 아프로-브라질리안(Afro-Brasilian)문화를 꽃피웠다.

살바도르시는 "흑인들의 로마"라고 불리우며 인구는 2,892천명(광역시는 3,475천명)이고 인구구성은 혼혈 53.8%, 흑인 28.5%, 백인 16.9% 등이다. 살바도르는 브라질에서 가장 먼저 개발된 도시로서 인구가 브라질에서 세 번째로 많다.

1530년 포르투칼에서 브라질로 유입된 사탕수수는 기름진 토

---

21) 영국의 가디언지는 2007년 살바도르의 벨로뚜다바하(Porto da Barra)해변을 세계에서 3번째로 아름다운 해변으로 꼽고 있으며 리우데자네이로(Riode Janeiro) 다음으로 널리 알려진 관광지이다.

양이 많은 바이아와 뻬르남부꼬 주에서 가장 많이 경작되었다. 17세기에 들어서면서 노예노동력을 이용한 사탕수수 생산으로 브라질은 세계 최대의 생산지가 되었다. 이 시기에 브라질의 사회구조는 사탕수수 농장을 중심으로 형성되었고 사탕수수 산업은 당시 브라질의 정치, 경제, 사회의 핵심이었다.

생산된 사탕수수는 포르투칼을 통하여 전량 유럽으로 수출되었으며 정제와 상업화는 네덜란드가 독점하였다.

식민지 초기시대의 브라질경제를 이끌었던 사탕수수는 17세기 중반 이후 점차 쇠퇴하기 시작하였다. 주요 생산지였던 뻬르남부꼬가 네덜란드인의 침공을 받은 데다가 바이아주의 미나스 제라이스(Minas Gerais)지방에서 금이 발견되어 많은 노예인력이 금광으로 유출되었기 때문이다. 또한 17세기 중반부터 네덜란드가 멕시코만의 안띠야스(Antilhas)제도(諸島)에서 사탕수수를 대량 재배하기 시작하였기 때문이다.

사탕수수의 쇠퇴 이후, 이 지역은 이렇다 할만한 다른 농산물이 도입, 발전되지 못했다. 그 이유는 사막성 건조기후대에 속한 기후적 불리성 뿐만 아니라, 농업생산에 적합한 다른 지역(남부 및 중서부 지역)이 계속 발견되었기 때문이다.

반스텝기후대가 대부분인 이 지역은 연간 강우량이 200~750㎜로 적으며 긴 건기(동계)와 짧은 우기가 있고 연평균 기온이 22℃를 넘는 고온지역으로 비교적 토양이 비옥하므로 관개가 이루어지면 작물의 생산성을 높일 수 있는 환경을 갖추고 있다. 그러나 물 저장·관리시설의 부족으로 가뭄피해가 심한 지역으로 농지가 없는 가난한 농민들이 많고 대부분의 농민들이 자급자족적 농업생산에 종사하고 있다.

3) 중서부지역(Centro Oeste;Central west)

중서부지역은 전국토의 22%와 전인구의 7%를 차지하고 있는 가장 적은 인구를 갖고 있지만, 현재에는 가장 높은 인구성장률과 함께 경제가 빠른 속도로 성장하고 있는 지역이다.

이 지역은 크게 세하도(Cerrado:사바나 기후대)지역과 빤따날(Pantanal:습지대) 지역으로 구분된다. 고이아스(Goias), 마또그로수(Mato Grosso), 마또그로수두술(Mato Grosso do Sul) 등 3개주와 브라질리아가 있는 연방구(Disrito Fedral)로 구성되어 있다.

이 지역은 브라질의 수도가 리우(Rio)에서 브라질리아(Brasilia)로 옮긴 혜택을 제일 많이 받고 있는 지역이다.

세하도 지역은 연평균 강우량 700㎜, 연평균 기온 27℃의 반건조성 관목림 위주의 지역으로 1970년대 중반까지만 해도 사실상 버려진 땅이있다. 그러나 지금은 대두와 면화, 사탕수수, 해바라기, 옥수수, 쌀 등의 작물이 대규모로 재배되고 있고 브라질 소사육의 40%를 담당하고 있다. 중서부 사바나 지역은 토양산도가 다소 높고 낮은 인산염성분 등의 토양문제가 있으나 적절한 토양관리 기술이 적용되면 생산성 향상의 잠재력이 높다. 이런 이유로 남부지역에서 이주한 농민에 의한 대규모 농장개발이 진행되고 있다.

중서부 세하도 지방의 농장은 대형관개시스템[22])에 의한 경작활동의 진행결과에 따라서 원형농장 형태를 띠우고 있는 것을 자주 볼 수 있다.

그림(8) 브라질 세하도 원형농장

세하도 지역의 면적은 2억ha이고 이 중에서 개발가능면적은 1억2,700만ha로 추정되고 있으며 현재 농업생산용지는 4,700만ha이므로 앞으로 이 지역에서만 8,000만ha의 개발가능면적을 보유하고 있다고 할 수 있다. 현재 세하도 지역이 브라질농업에서 차지하는 비중은 전체곡물의 25%(특히 대두는 50%)와 소사육의

---

22) 우고삐빠관개시스템은 큰 바퀴가 달린 여러 대의 삼각대가 일자형으로된 대형 수로관을 움직여서 마치 컴파스로 원을 그린 것처럼 농장에 원을 그리면서 농업용수를 공급하는 시스템이다. 이 때문에 경작지가 원형모습을 띤다.

40%를 담당하고 있다.

일본은 1979년부터 2001년까지 총 22년간에 걸쳐서 총 700억 엔을 투자하여 세하도 대두농장을 개발하였는데 사업규모는 농지 면적 33만ha에 600호 이상의 농가를 입주시켜서 일본과 브라질 이 공동출자한 농업개발회사(칸포)가 관리하는 양국정부의 공동 프로젝트 형태의 농장이었다. 일본의 대두자급률은 4% 정도에 불 과하여 1980년대까지 총 수요량의 96%를 미국으로부터의 수입 에 의존하고 있었으나 1999년에는 총 수입량의 12%를 브라질에 서 수입하고 있을 정도로 세하도 농장개발의 효과는 컸다. 또한 북미와 남미대륙의 수확시기가 반년 정도 차이가 나므로 작물의 흉작에 따른 위험분산 효과도 적지 않다고 판단된다.

그러나 일본의 세하도 지역 농업개발은 기대한만큼 성공적이지 못했다고 평가된다.

세계적인 곡물메이저 기업들(분게(Bunge), 카길(Cargil), ADM(Arde Daniels Midland)) 등은 파종기에 씨앗과 비료 를 제공하고 수확 이후에는 운송까지 일괄적으로 책임지는 소위 "입도선매(立稻先賣)"식 계약에 따라 곡물을 생산하여 해 외로 유통하는 수직통합경영방식의 농장운영방식을 적용하고 있 었다. 새롭게 진출한 일본으로서는 개간→생산→운송→수출에 이 르는 전 과정에서 전혀 새로운 시스템을 구축해야 되었으므로 여 기에 소요되는 비용이 시카고 곡물거래소에서 구입하는 비용보다 저렴하다는 보장이 없었다.

특히, 세하도 지역의 열악한 도로교통 인프라(동남부 항구까지 2,000㎞ 이상)로 인하여 생산보다는 유통에서 더 큰 비용이 발생하게 되는 문제점을 극복하기가 어려웠다.

이에 따라서 일본이 투자한 대규모자금은 2000년대초 토지매각을 통하여 대부분 회수되었으며, 현재는 일본계 브라질인들이 대규모 농업생산에 종사하는 형태로 바뀌고 있는 것이다.

빤다날 지역은 세계 최대규모의 열대습지대로서 대부분 마또그로수두술주 안에 있지만, 일부는 볼리비아와 파라과이까지 펼쳐져 있다.

브라질 내 빤따날 면적은 14만㎢이며 총 면적은 19만5천㎢로 한반도 보다 약간 좁다. 1991년 9월 국립공원으로 지정되었으며 2000년에는 유네스코의 세계 자연유산으로 지정된 지역이다.

그림(9) 브라질 빤따날 지역

자료 : http://ppbio.inpa.gov.br(The Research Program in Biodiversity (PPBio))

빤따날지역은 강 수로와 강 주변의 숲, 우기에 범람하는 목초지, 하천을 떠다니는 까마로떼스(Camalotes) 등 다양한 생태계로 나누어진다. 매년 12월에서 5월까지의 우기에는 수면이 2~5m까지 상승하여 전체 면적의 80% 이상이 물에 잠긴다.

빤따날지역은 아마존지역보다 덜 알려져 있지만 생태계 측면에서는 중요한 가치를 지닌 지역이다. 식물종들은 약 3,500종이나 되고 세계 최대의 조류 서식지로 알려져 있다. 이 밖에도 400여종의 어류와 300여종의 포유동물, 480여종의 파충류, 9,000여종의 무척추동물이 살고 있다.

현재 빤따날 지역에는 약 800만두 이상의 소가 사육되고 있으며 마또그로수두술 주에는 대규모의 대두농장들이 들어서 있다.

4) 남동부지역(Sudeste；Southeast)

남동부지역은 브라질 국내총생산(GDP)의 50%를 생산하는 부유한 지역이다. 미나스제라이스(Minas Gerais), 이스삐리토산투(Espirito Santo), 상파울로(Sân Paulo), 리우데자네이루(Rio de Janeiro) 등 4개 주로 구성되며 대서양변에 있는 산맥들과 연결된 해발 800m 내외의 고원지대에 대도시가 형성되어 있다.

이 지역은 브라질 총면적의 11%를 차지하고 있는 상대적으로 좁은 지역이지만, 총 인구의 44%를 차지하는 브라질의 최대 인구밀집지역이다. 남미의 뉴욕이라고 불리우는 상공업 및 금융중심지인 상파울로와 세계 3대 미항이며 1763년부터 1960년까지 브라

그림(10) 상파울로시의 세계문화유산 오루쁘레뚜

자료 : brazildiversity.com

질의 수도였던 리우데자네이루 시가 있다.(약칭 리우)

17세기 말에 금이 발견되면서 골드러시가 일어났다. 이 때 형성된 오루쁘레뚜(Ouro Preto), 지아만찌나(Diamantia)시등은 유네스코의 세계문화유산으로 지정되었다.

상파울로가 남미의 중심도시로 우뚝 서게된 동기는 19세기 말에 시작된 브라질「커피경제」의 중심지였기 때문이다.

금광경기가 쇠퇴하면서, 그리고 사탕수수와 면화 등 다른 농산물이 국제경쟁시장에서 우위를 차지하지 못하게 되면서 브라질 독립 이후의 경제는 소위「커피경제」로 이행되었다. 아이티에서 커피폭동이 일어나면서 국제 커피가격이 상승하게 되고 금광경기의 쇠퇴로 발생한 브라질의 유휴노동력이 커피산업으로 유입되면서부터 브라질의 커피경제가 시작되었다.

커피는 1820년에 브라질 전체 수출액의 18%를 차지하게 되었
고 1840년에는 40%를 차지하는 수출효자상품으로 브라질경제를
이끌었다. 그러나 1888년 노예제도가 폐지되면서 값싼 노동력을
발판으로 한 커피산업은 큰 난관에 부딪히게 되었다. 1870년 대
이후 유럽계 이민들이 상파울로의 커피경작을 위한 임금노동자로
받아들여졌다.

1886년에 30,000명이던 이민은 1887년 50,000명, 1888년에
는 133천명으로 늘어났고 그 이후에는 매년 10만명의 유럽계 이

그림(11) 리우시 꼬르꼬바두(Corcovado)산 정상의 그리스도 상

자료 : http://www.hankooki.com

민이 들어왔다. 흑인노예 대신에 백인 이민자들이 커피산업의 주력 노동력 계층이 된 것이다.

브라질의 커피경제는 1929년의 세계 대공황 이후 수출경제중심에서 내수 경제 중심으로, 농업중심 경제에서 산업중심 경제로 이행되는 계기가 되었으며 이 과정에서 상파울로시가 중심적 역할을 수행하였기 때문에 오늘날의 남미 최대의 부유한 도시로 성장하도록 이끌었다.

세계적인 상공업도시로 성장한 상파울로시를 주도(州都)로 하는 상파울로 주의 GDP는 아르헨티나의 GDP와 비슷하고 리우데자네이루 주의 GDP는 칠레의 GDP와 비슷한 수준일 정도로 크다.

특히 최근 리우와 상파울로 주의 상투스 섬 앞 심해에서 대형 유전이 잇따라 발견되면서 이 지역은 앞으로도 브라질 경제의 중심지 역할을 계속 수행할 것으로 기대된다.

호주의 시드니, 이탈리아의 나폴리 항구와 함께 세계 3대 미항으로 알려진 리우데자네이루는 코파카나바(Copacanaba)와 과나바라(Guanabara)만의 아름다운 경관과 화려한 카니발, 연중 따뜻한 기후 등으로 세계적인 관광도시로 사랑받는 도시이다. 1502년부터 1822년까지의 식민지시대 브라질의 수도였다. 또한 1822년 독립 이후 1960년 브라질리아로 천도할 때까지 브라질의 수도였다. 행정기능은 브라질리아에 넘겨 주었지만 아직도 리우는 브라질의 문화수도로서의 기능을 수행하고 있다.

리우에는 카니발, 삼바축제들이 연중 열리고 있으며, 호텔들이 줄지어 있는 꼬바카바나(Copacabana)해변과 꼬르꼬바두(Corcovado) 산 정상의 그리스도 상(Cristo Redentor), 세계 최대의 마라까낭 (Maracana) 축구장이 유명하다.

또한 리우시 전체 시민(614만명)의 19%가 거주하는 빈민가인 판자촌 지역 화벨라(Favela)지역도 빼 놓을 수 없다.

리우시에는 현재 약 750여개의 크고 작은 화벨라가 있으며 절반 가까운 300여 곳에서 마약 밀매가 이루어지고 있는 공권력이 미치지 못하는 무법지대가 존재하고 있다.

리우시의 빈민촌 호싱냐(Rocinha)와 부촌인 가베아(Gavea)는 거리 하나를 사이에 두고 존재하는 브라질의 두 얼굴을 상징하는 대표적인 곳이다. 빈민촌인 호싱냐의 실업률은 부촌인 가베아보다 9배 높고, 평균소득은 부촌의 5% 내외이며 평균수명 차이는 13년이라는 점 등 사회의 양극화 현상이 선명하다.

화벨라(Favela)란 빈민촌이란 뜻이다. 꽁블랙수두알레망, 망기뇨스, 호싱냐 등 3대 화벨라 중에서 호싱냐가 가장 규모가 크다.

길 하나를 사이에 두고 형성되어 있는 빈민촌과 부자촌(대저택 또는 고급아파트)은 전혀 다른 그들만의 생활형태를 유지하면서 살아간다.

빈민촌 내의 질서는 그들만의 자치질서 속에서 국가공권력의 간섭 밖에서 행해진다. 흔히 마약조직 등 기관단총으로 무장된 범죄집단이 빈민촌 내의 생활질서 유지업무를 맡고 있으며 빈민촌의 경계를 벗어날 때부터 공권력의 통제를 받기 시작한다.

산허리에 다닥다닥 붙어있는 빈민촌으로 통하는 고가도로, 케이블카, 의료시설과 축구장 등 운동시설은 모두 정부가 설치해 준다. 물론 전기세, 수도세, 병원진료비 등도 당연히 무료이다. 여기에 소요되는 공공비용은 부자촌의 주민들이 내는 높은 세금으로 충당된다. 그래서 브라질의 세금부담률은 매우 높다.

인기팝가수 마이클 잭슨이 호싱냐를 배경으로 하는 뮤직비디오를 촬영하기 위해 촬영장소 이용을 요청했을 때 리우 경찰당국은 안전을 보장할 수 없다는 이유로 거부했다고 한다. 마이클 잭슨이 호싱냐의 범죄조직과 물밑거래를 통해서 비디오 촬영을 무사히 마칠 수 있었다고 해서 화제가 되기도 하였다.

어떻게 길 하나를 사이에 두고 빈민촌과 부자촌이 기묘하게 공생할 수 있는가?

부자들은 그들의 격조높은 생활수준을 유지하기 위하여 허드렛일을 담당해줄 빈자(貧者)들의 도움을 절실히 필요로 한다. 가정부, 정원사, 운전기사, 청소부 등 모든 용역을 빈자들로부터 손쉽게 얻기 위해서는 빈민촌이 부자촌 옆에 있어야 한다. 빈자들의 서비스가 없이는 부자들의 격조높은 생활유지가 어렵다. 그러므로 높은 세금을 내면서 빈민촌의 생활이 유지되도록 배려해야 하는 것이다.

정치권도 빈민촌의 표를 얻기 위해서는 환심을 얻을 수 있는 모든 정책을 소홀히 할 수가 없다는 점도 거대한 도시 속에 빈민촌이 유지되는 또 다른 이유가 된다.

빈민촌 철거 등의 공약을 내건 정치인이 각종 선거에서 당선된 적은 거의 없다. 집권 노동자당 후보에 몰표가 몰리는 지역이 바로 화벨라 지역이다.

빈민촌과 부자촌이 공생하는 데 하나의 규칙은 있다. 빈민촌의 생활방식에 대해서 부자들의 세금으로 유지되는 공권력의 간섭은 배제되어야 하며 마찬가지로 부자들의 생활방식에 대한 빈자들의 방해도 배제되어야 한다는 것이다.

공권력은 오로지 두 사회의 격리를 보장하기 위해서 경계선(흔히 도로)상에서만 활동하면 된다는 것이다.

그림(12) 브라질 리우데자네이로의 최대 화벨라(빈민촌) 호싱냐

△빈민촌의 가옥들

△길 하나를 사이에두고 형성된 빈민촌과 부자촌

△빈민촌으로 통하는 Cable Car 정류장

　부자와 빈자가 서로 서로 필요성을 인정하는 가운데 절묘한 조화를 이루면서 살아가는 곳이 브라질이다.

　화벨라는 리우시 뿐만 아니라 상파울로시에도 형성되어 있다.

5) 남부지역(Sul;South)

남부는 브라질에서 가장 높은 수준의 교육과 위생시설을 갖추고 있고, 남동부 지역 다음으로 소득수준과 생활수준이 높은 지역으로 전국토면적의 7%와 총인구의 15%를 차지하고 있다.

파라나(Parana), 산따카따리나(Santa Catarina), 리오 그란데 두술(Rio Grande do sul)등 3개 지역으로 구성되며, 우루과이, 아르헨티나, 파라과이와 국경을 접하고 있다.

이 지역은 남회귀선 아래의 온대와 아열대기후지역으로 브라질에서 가장 기온이 낮다. 연중 강우가 분산되어 내리며 평균 기온은 12~18℃이나 최저 0℃, 최고 30℃로 온도격차가 크다.

국토의 최남단 리오그란데두술에는 우르과이와 아르헨티나로 이어져 있는 광활한 목초지인 빰빠(Pampas)지역이 있어서 목축업이 발달한 지역이다. 이 지역의 카우보이들을 가오슈(Gaucho)라고 부르는데 리오 그란데 두 술 출신들을 지칭하는 말로 사용되고 있다. 이 지역은 브라질의 다른 지역에 비해서 기후가 온난하며 19세기 말부터 브라질의 이민정책으로 독일, 이탈리아, 폴란드인 등 유럽인과 일본인들이 정착하여 이민사회를 형성하였다.

광대한 초원을 이용한 목축업과 함께 테라로사(Terra Roxa)로 불리우는 적색의 비옥한 토양의 농경지에는 파라나강의 풍부한 수자원을 이용하는 옥수수, 쌀, 콩 등의 다양한 농작물이 재배되고 있다.

이 지역의 명물은 세계 최대의 이과수(Iguaçú)폭포와 브라질과 파라과이 양국 공동소유인 이따이뿌(Itaipu) 수력발전소이다.

이과수(Iguaçú)란 말은 원주민어로「큰 물」이란 뜻이다.

지구형성 단계에 지하의 용암이 솟구쳐 올라 흘러내리다가 단계적으로 굳어지면서 형성된 거대한 단애를 만나 이과수강이 쏟아지면서 만들어진 것이 이과수폭포이다.

이과수폭포는 브라질에서 발원한 이과수강이 아르헨티나 북동부와 경계를 이루면서 폭포가 되는데, 폭포는 브라질과 아르헨티나 양쪽에서 접근할 수 있다. 폭포를 지나서 흐르는 강은 파라나강으로 이름이 바뀌면서 아래쪽의 이따이뿌댐으로 흐른다.

그림(13) 이과수 폭포(악마의 목구멍)

가장 높은 82m의 폭포23)를 비롯하여 총 275개의 폭포가 2.7 km에 걸쳐 흐르고 있다. 이과수폭포는 1984년과 1986년에 브라질과 아르헨티나의 유네스코 인류문화유산으로 지정되었다.

　폭포에서 30분 정도 떨어진 곳에 수력발전소가 있는 이따이뿌(Itaipu)댐이 있다. 중국 양자강의 샨사이(三峽)댐 건설로 세계 최대 수력발전소란 명예는 빼앗겼지만, 「Binancial works」란 용어가 가리키듯이 브라질과 파라과이의 합작(1973년 합작계약)에 의해서 건설된 거대한 발전소이다. 댐은 시멘트 구조물로서 댐 길이는 총 7,776m에 달한다. 댐 안쪽의 수심은 196m에 달하고 총 20개의 발전 Turbine을 설치하여 120m를 낙하한 수력에 의해서 발전한다. 1개 Turbine의 발전용량은 70만MW로 압록강의 수풍댐과 같다. 이 수력발전소에서 생산된 전기는 브라질 전력수요의 20%와 파라과이 전력수요의 80%를 충당한다. 20개 발전시설은 두 나라가 10개씩 권리를 나누어 가지고 있는데 파라과이 측 발전시설에서 생산된 전기는 전량 브라질에 판매하는 것으로 협약이 되어있다. 그러나 계약 시 결정된 전기 판매가격이 시세의 1/10정도여서 양국간 마찰이 일어나고 있다.

---

23) 높이 82m, 폭 150m에 이르는 "악마의 목구멍(Caganta de Diablo)"은 이과수폭포의 백미(白眉)이다.

그림(14) 이따이뿌댐

자료 : http://www.infoiguassu.com/

남부지역은 이민 온 유럽인들의 숫자가 많아서 백인 비율이 80%를 넘으며 이민오기 이전의 나라 별로 그들만의 독특한 유럽 문화를 유지하고 있는 것이 특징이다.

표(12) 브라질 5대 권역별 면적과 기후 특성

구분	북부	북동부	중서부	남동부	남부
면적(천㎢)	3,870	1,561	1,612	927	577
인구밀도(인/㎢)	3.3	29.8	6.8	73.8	41.0
연평균기온(℃)	24~26	20~28	22~26	18~24	14~18
연강우량(mm)	2,000~3,000	750~1,000	1,000~1,500	900~1,100	1,500~2,500
건·우기 구분	없음	없음	있음	있음	있음

자료 : 한국농어촌공사, 브라질농업투자환경조사보고서, 2009.12.

한국농업투자진출의 적지는 중서부지역(마또그로수 주)을 우선적으로 고려할 필요가 있다. 왜냐하면 대부분지역이 개발제한지역인 북부지역과 가뭄이 심한 북동부지역, 그리고 산업화가 진행되어 땅값이 많이 오른 남동부지역과 남부지역은 상대적으로 높은 땅 값 때문에 농장경영의 수익성 실현이 어렵기 때문이다.

3. 브라질의 농업생산환경과 농업자원

1) 지형과 기후조건

브라질은 대부분 평원지형이며 산이 적은 나라이다. 다만 동쪽으로 대서양과 나란히 브라질 고원지대가 형성되어 있고 Romania 주와 베네수엘라와의 접경지대에도 기아나(Guiana)고원지대가 있다. 북부 아마존 지역과 중서부 Pantanal 지역 및 남부 Pampas지역은 해발 400m 이하의 평원과 저지대로 형성되어 있다. 평원지대는 물론이고 고원지대의 경우에도 경사도가 16°이하의 완경사지가 대부분이므로 토양 및 용수조건만 좋으면 대부분 농경지로 개발할 수 있는 가능성이 충분하다.

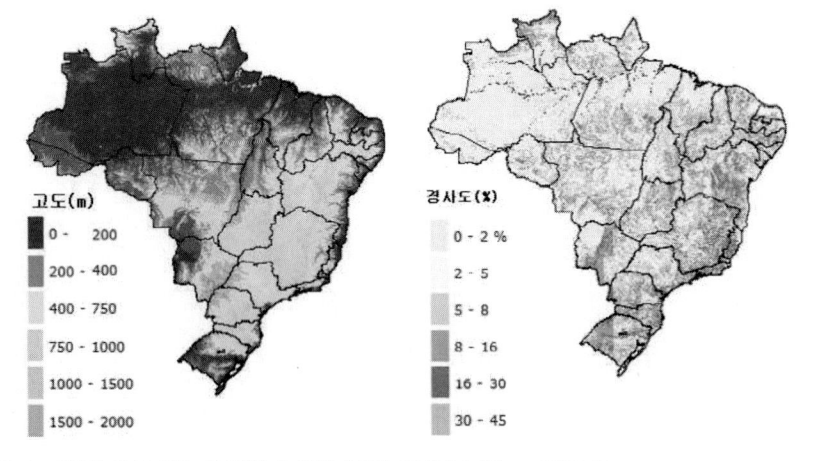

그림(15) 브라질의 지형과 고도분포   그림(16) 브라질의 경사도 분포

자료 : 한국농어촌공사, 「브라질 농업투자환경 조사 보고서」, 2009.12.

브라질은 세계 5위의 국토면적(8,511.9km²)을 보유한 나라로 북위 5°에서 남위 34°에 걸쳐 있으며 열대에서부터 아열대 기후대에 분포하고 있다.

온도와 강우량에 따라서 브라질의 기후대는 크게 7가지 유형으로 구분된다.

그림(17) 브라질의 기후대 분포

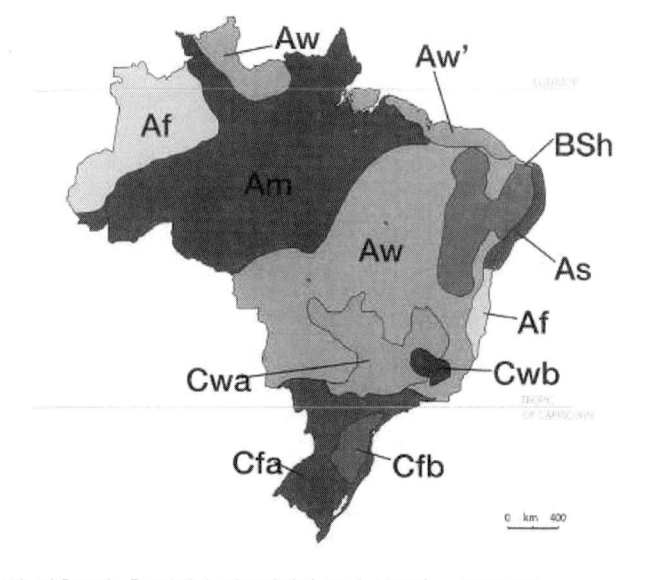

자료 : 한국농어촌공사, 「브라질 농업투자환경 조사 보고서」, 2009.12.

열대우림기후지역(Af)은 연중기온이 20℃이상이고 강우량이 연간 2,500mm이상인 비가 많은 지역으로 브라질 북서부의 태평양에 접한 Amazon주 서부와 Acre주 서쪽이 해당한다.

열대몬순기후지역(Am)은 연평균 기온이 22℃ 이상이고 가장 추운 달의 평균기온이 20℃ 이상이며 강우량이 2,000㎜로 비가 많아서 습하고 더운 지역이다. 토양의 유기질이 유실되어 철분이나 알루미나가 표층에 침적하여 적색을 띠고 있으며 Para와 Mato Grosso 주 북서부 지역이 해당한다.

사바나기후지역(Aw)은 연평균기온이 20℃ 이상이고 우계(여름)와 건계(겨울)의 구분이 뚜렷한 지역이다. 목초지가 발달하여 소 방목이 이루어지고 있으며 Mato Grosso do sul, Mato Grosso, Goias, Brasilia 등 대부분의 중부지역이 해당한다.

사바나 기후와 유사하지만 우기와 건기의 차이가 있는 북동부 해안지역(Aw)은 우기가 가을까지 계속되는 특징이 있으며 동부해안지역(As)은 하계가 건기이고 동계가 우기인 특징이 있다.

습윤온난기후대(Cfa)지역은 연중 강우량이 분산되어 내리므로 우기와 건기의 뚜렷한 구분이 없는 지역으로 Santa Catarina, Parana, Rio Grande do Sul주 등 남부내륙지역이 해당한다.

이 지역의 강우량은 1,500㎜ 내외이고 최난월의 평균기온은 22℃이고 동계에는 서리가 내리기도 한다.

서안 해양성기후지역(Cfb)은 연중 강우량이 분산되어 있고 최난월의 평균기온은 22℃ 이상이고 최한월의 평균기온은 14℃~8℃이고 동계에서 서리가 내리는 지역으로 Santa Catarina, Sao Paulo, Paran 해안의 남동부 지역이 해당한다.

온대동건기후지역(Cw)중에서 Cwa' 지역은 하계에는 비가 많고 동계에는 건조한 지역으로 Minas Gerais주와 Goias주의 중부내

류지역이 해당한다. Cwb' 지대는 하계에는 비가 많고 동계에는 건조하며 동계의 최저기온은 12℃ 미만인 지역으로 Minas Gerais 의 Rio Grande강 상류에서 Rio de Janeiro와 Espirito Santo 사이 내륙의 일부가 해당한다.

반스텝기후지역(Bsh)은 연평균 강우량이 400㎜ 내외로 적으며 긴 건기(동계)와 짧은 우기가 있고 연평균 기온은 22℃ 이상인 고온지역으로 비옥한 토양을 갖추고 있으므로 관개가 이루어지는 것을 필수조건으로 하는 동북부의 지역이다.

그림(18) 브라질의 연평균기온 분포　　그림(19) 브라질의 강우량 분포

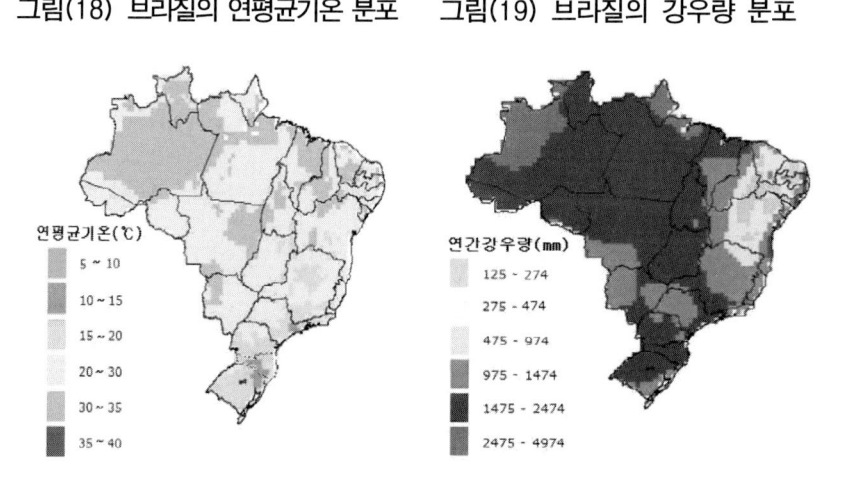

자료 : 한국농어촌공사, 「브라질 농업투자환경 조사 보고서」, 2009.12.

브라질의 지역별 기온은 적도가 가까운 북부지역이 연평균 기온이 30℃~35℃로 가장 덥고 중부지역은 20℃~30℃이고, 남부지역은 10℃~15℃로 서늘하다.

지역별 강우량은 북부 적도의 아마존지역에서는 2,000㎜이상의 고온다습한 열대우림지대이고 중서부지역은 1,500㎜ 내외의 작물 생육에 적합한 강우량과 기온을 보이고 있다.

동부의 열대고원지대는 해발 800m 내외의 고원지대로서 연평균 기온은 18℃~22℃이고 북동부의 대서양연안지역은 연평균 기온 18℃~26℃, 강우량은 2,000㎜ 내외이다.

중동부의 반건조지역은 연평균기온 27℃, 강우량은 700㎜ 수준이고 아열대 및 온대로 구분되는 남부지역은 연평균 기온은 15℃이나 최저 0℃에서 최고 30℃로 온도격차가 크다.

2) 토양과 식생

(1) 토양조건

브라질은 큰 대륙국가로서 토양은 지형, 기온, 식생 및 유기물 함량 등의 영향으로 매우 다양한 구성을 보이고 있다.

북부지역은 평원과 낮은 고원으로 구성되어 있으며 무덥고 온도변화가 적으며 습도가 높은 기후대로서 토심이 깊고 풍화가 진행되어 비옥도가 낮은 산성토양으로 이루어져 있다.

북동부 지역은 다양한 기후대(고온다습 기후대에서 고온건조 기후대)와 접경하고 있는 지역으로 토양비옥도는 중간 정도이지만 토심은 낮다. 토양수분과 염류함량이 높은 지역이 포함되어 있어서 농작물생산성 향상을 제약하는 요인이 된다.

중서부지역은 고원의 자연침식에 의해서 형성된 평원지형으로서 토심은 깊고 배수가 잘 되지만 대부분 산성토양이다. 토양비옥도가 낮은 관계로 석회와 비료에 의한 토양비옥도 관리가 필수적이다. 기계화가 용이하여 브라질에서 농업기술이 가장 발달한 지역이다. 대부분의 토양은 철과 알루미늄의 산화물 함량이 높아서 붉은 색을 띄우고 있다.

남동부지역은 저지대와 고지대로 구성되어 있는데, 저지대는 여름이 더운 열대성 기후이지만 고지대는 온난한 기후를 가진다. 고지대는 토심은 깊으나 토양비옥도는 낮다. 저지대는 지형이 다양하고 아열대성 기후를 보이고 있으며 토양비옥도는 높다.

브라질에 분포하고 있는 대부분의 토양은 Latossolos, Argissolos, Neossolos 등이다.

Lattossolos 토양(Xanthic, Rhodic&Haplic, Ferralsols)은 풍화가 많이 진척되었고 점토활성이 낮은 토양으로 철과 알루미늄의 산화물이 많아서 붉은 색을 띈다. 이런 토양은 경운하면 표토가 쉽게 굳어지기 때문에 토양개량제(석회 등)와 유기물시용이 필요하다. 또한 인산흡착이 쉽게 이루어지므로 토양전층에 시비를 해야 한다.

Argissolos 토양(Rhodic&Haplic Acrisols and some Lixisols)은 풍화가 많이 진행된 토양이며 비옥도가 대체로 낮은 토양이다. 이런 토양은 양분보유력이 낮기 때문에 잘 부숙된 유기물과 퇴비를 사용해야 하고 토양개량제 시용과 객토가 필요하다.

Neossols 토양(Lepto, Fluvi, Rego&Arenosls)은 해안, 강변 및 사막지대에 분포하고 있는 토양인데, 사질의 조립질 토성을 지닌 미숙토양이다. 이 토양은 양분과 수분보유량이 낮아서 때문에 유기물과 퇴비의 다량 시용이 필요하며 토양개량제와 객토 등이 필요하다.

그림(20) 브라질의 토양도(FAO분류)

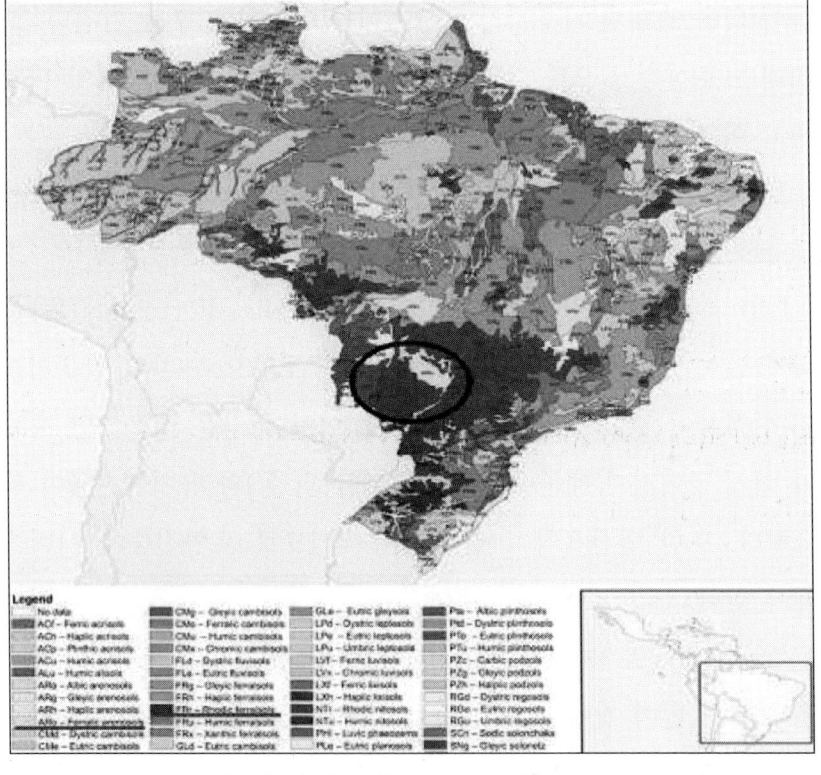

자료 : 한국농어촌공사, 「브라질 농업투자환경 조사 보고서」, 2009.12.

(2) 자연식생

브라질의 북부지역은 아마존강 수계를 중심으로 하여 대부분이 아마존 열대우림(Floresta Pluvial tropical amazonica)지대를 이루고 있으며 아마존 열대우림의 북과 남쪽으로 산림대(Floresta estancional)가 형성되어 있다. 산림대의 남쪽으로는 사바나 관목지대(Cerrodo ecerradao)가 넓게 분포하고 있다.

그림(21) 브라질의 자연식생

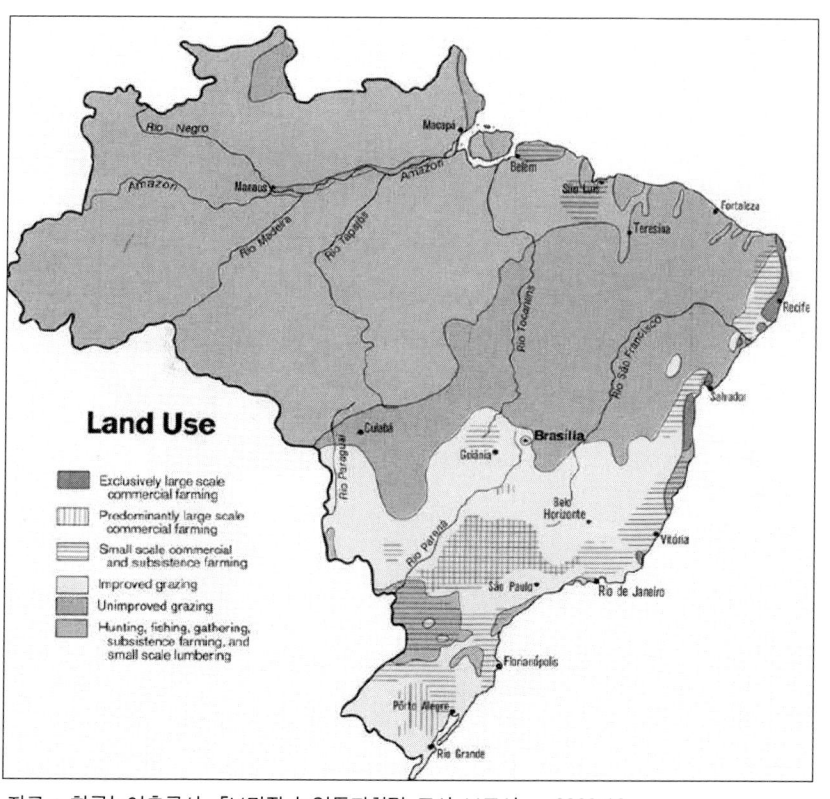

자료 : 한국농어촌공사, 「브라질 농업투자환경 조사 보고서」, 2009.12.

사바나 지역에서 남쪽으로 대서양해안에 이르는 지역까지 반낙엽성 활엽수림대(Tropical Semideciduous forest)가 분포하고 있으며 동쪽의 Sao Francisco강 하구를 중심으로 반건조지대(Catlinga : Semi-arido)에는 가시가 있는 관목이 분포하고 있다.

Parana, Santa Catarian, Rio Grande do sul의 남북부지역에는 침엽성 아열대우림(Floresta pluvial subtropical)이 형성되어 있다.

Rio Grande do sul의 남부와 북부의 Roraima의 일부는 Campol 지형의 1년생 초본(Formacos herbaceas)의 경작지이고, 남동부의 연안지대는 대서양 아열대성 야자림(Floresta pluvial tropical atlantica)이 형성되어 있고 남부에서 아마존강 하구에 까지 이르는 연안지대는 해안사구림(Vegetacao litoranca;mangus, praiase dunes)이 형성되어 있다.

Mato Grosso 남서부와 Mato Grosso do sul 서부 파라과이강 상류지역과 파라과이 및 볼리비아 접경지대는 습지 또는 일시적 습지(Complexo do pantanal)로 변하는 지역이다.

(3) 수자원

브라질은 물이 풍부한 나라로 인식되고 있다. 2007년 브라질 국민 1인당 물 이용가능량은 연간 43,027㎥으로 같은 해의 세계 평균치인 8,209㎥보다 5배 이상 많기 때문이다.

그러나 풍부한 물 이용가능량은 지역에 따라 큰 편차가 있다.

아마존 강 유역은 브라질 국토의 48%와 브라질 신선 수자원의 75%를 차지하지만 인구는 전체의 4%에 불과하다. 대부분이 반건조지역에 속하는 북동부지역은 국토의 22%와 인구의 28%를 차지하고 있지만 수자원은 브라질 전체의 5%에 불과하기 때문에 정기적으로 발생하는 심한 가뭄 때문에 식량부족문제가 현안과제가 되고 있다.

그림(22) 브라질 강 유역도

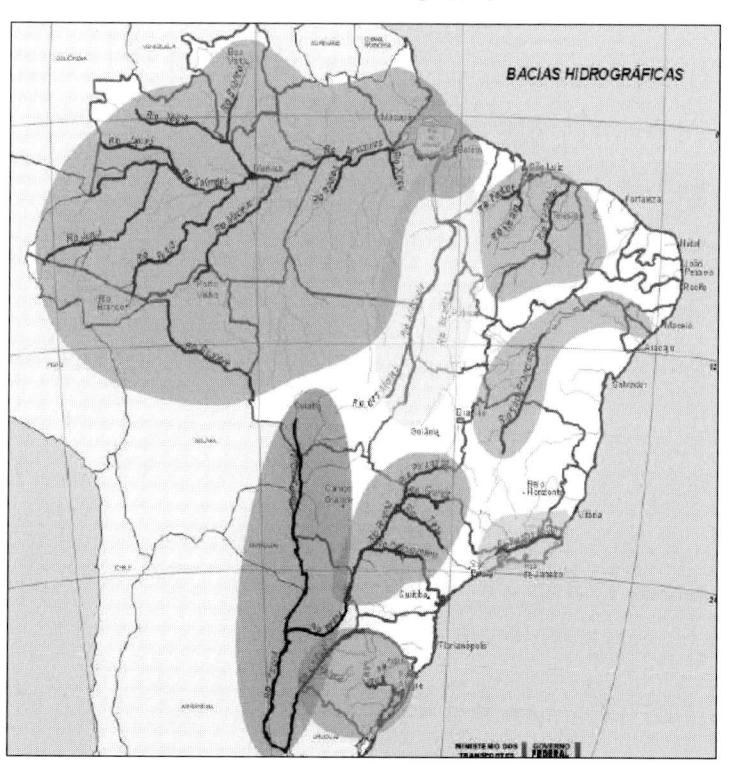

자료 : 한국농어촌공사, 「브라질 농업투자환경 조사 보고서」, 2009.12.

브라질 인구의 44%와 국토의 11% 그리고 수자원의 10%를 차지하고 있는 동남부지역은 농업생산성도 가장 높고 브라질 산업경제의 심장부 역할을 수행하는 브라질의 산업중심지역이다.

브라질은 강을 중심으로 하여 3개의 대유역(아마존, 토칸틴스, 상프란시스코 강)과 3개의 중유역(파라나, 빠라구아이, 우루구아이 강) 및 대서양으로 흘러들어가는 기타유역(빠라이두술, 타구아이, 자구이 강)으로 구분된다.

브라질의 농업용 관개시설은 리오그란데두술지역과 북쪽의 반건조지역에서 시작되었다. 관개시설면적은 3,150천ha 정도인데 일부 야채와 과수재배 뿐만 아니라 남부와 중서부지역의 논들은 관개를 통해서 벼를 재배하고 있다.

브라질의 관개는 주로 수많은 시냇물을 끌어들여서 땅위에 만들어진 인공수로를 통하여 농장까지 운반하는 시스템으로 전체 관개면적의 절반(1,500천ha)은 이러한 전통적인 시스템을 이용하고 있다.

고효율의 용수활용과 지노동력 이용에 의한 현대적인 관개기술은 밀, 콩, 옥수수 등 작물재배를 위해서 세하도 지역의 대규모 곡물농장들이 도입하고 있으며, 도시주변의 채소와 과수농장에서도 도입하고 있다.

대규모 기업농이나 공공기관에서 계획하고 있는 관개시설 설치에 사용되는 관개시스템은 유동적인 스프링클러 시스템의 범주에서부터 최첨단기술에 의한 회전살수 방식과 자가회전살수 방식

등이 활용되고 있다. 북동부지역에는 물이 귀하기 때문에 미세살수 방식이 도입되고 있으며 소량생산을 위한 스프링클러 살수와 미세살수 방식도 증가하고 있다.

그림(23) 브라질 주요농업지역의 관개방식

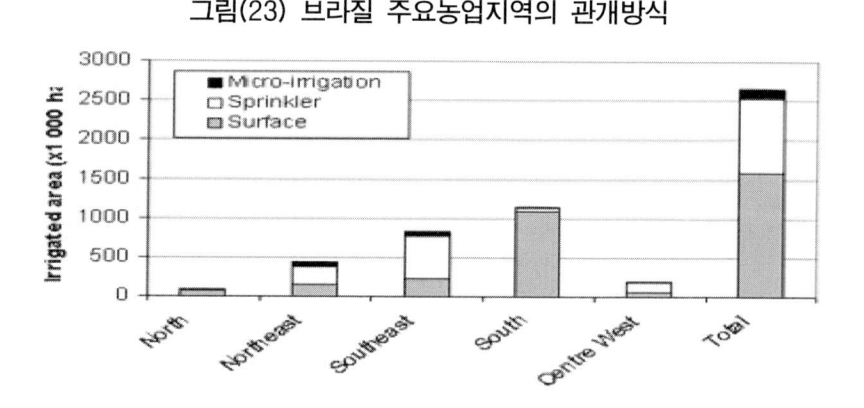

자료 : 한국농어촌공사, 「브라질 농업투자환경 조사 보고서」, 2009.12.

브라질의 관개가능 면적은 생태보호지역인 북쪽(아마존, 토칸틴스강 유역)을 제외하면 대략 2천9백만ha로 집계되고 있다. 북부지역의 관개면적이 전체 관개면적의 1/3을 차지하고 있다. 특히 중서부지역의 대초원지역에서는 최근 토양관리기술이 확장되면서 관개가능면적이 크게 확장되고 있다.

브라질의 관개사업 시행주체는 공공과 민간으로 나눌 수 있다. 공공에 의한 관개면적은 총 관개면적의 6% 수준으로 16만ha이다.

표(13) 브라질의 지역별 관개가능면적

단위 : 천ha

구분	총면적	저지대	고지대
합계	29,350	13,350	16,000
북부	13,300	8,000	5,300
동북부	1,000	100	900
동남부	4,150	750	3,400
남부	3,700	1,500	2,200
중서부	7,200	3,000	4,200

주) 저지대는 계절적 홍수 또는 홍수 영향지역 면적임
자료 : 한국농어촌공사, 「브라질 농업투자환경 조사 보고서」, 2009.12.

이 중에서 1996년 동북부지역에서 이루어진 11만ha가 대표적인데, 정부투자에 의해서 시행된 관개농지는 4~8ha의 작은 토지는 가난하고 토지가 없는 농부들에게 할당되고 8~32ha 토지는 농업기술자들에게, 그리고 25~50ha의 큰 토지는 기업에게 할당된다.

정부에 의한 공공관개 시스템의 개발비용은 표면관개가 8,600$/ha, 스프링클러가 9,650$/ha, 미세관개가 10,150$ha이다.

나머지 94%의 관개시스템은 개인 또는 농업법인(주식 및 유한회사) 등 민간에 의해서 개발되었다.

민간의 관개시스템 개발은 정부로부터 기술적인 지원을 받는 이외에도 정부의 관개시설 지원프로그램에 의해서 재정적인 보조와 지원을 받는다. 민간부문에 의한 관개시설 투자비용은 지표관개가 1,600$/ha, 살수관개가 2,650$/ha, 미세관개가 3,150$/ha로 공공부문의 경우보다 현저하게 낮다.

브라질에서는 지역마다 적용하는 관개기술이 다양하고 관개시설은 주로 고부가가치 작물인 채소 및 과일재배에 이용되고 있으며 중부의 대규모 곡물농장에서도 최근 관개면적이 늘어나고 있다.

그림(24) 환경법(Environmental Law)에 의한 농지이용 제약

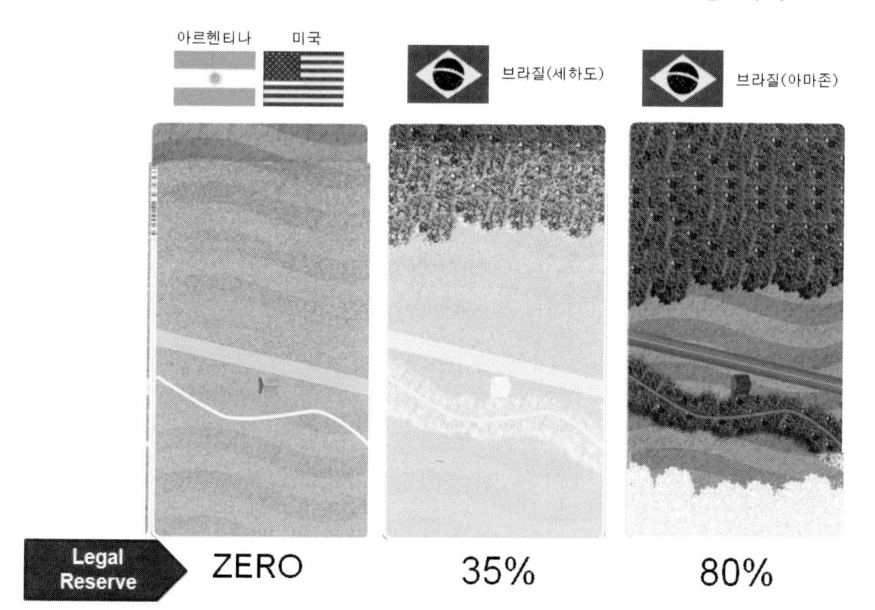

브라질의 모든 농지는 엄격한 환경법(Environmental law)의 개발유보지역 비율에 의해서 경제적 이용이 제한 받으며, 인공위성을 통해서 불법적인 농지개발이 감시되고 있다. 아마존 지역은

전토지의 80%가, 그리고 세하도 지역은 전 토지의 35%가, 나머지 모든 지역의 20% 해당면적을 생태계 보호를 위한 보전지역으로 유지할 것을 법으로 정하고 있다. 그러므로 확보된 농장의 전 지역을 농업생산가능 지역으로 이용할 수가 없다는 점에도 유의해야 한다.

3) 농지자원

브라질의 국토면적(851,488천ha) 중에서 농지로 이용되고 있는 면적은 31.1%에 해당하는 263,542천ha이다.

2007년 현재 농경지의 74.8%가 목초지이고 22.6%가 1년생 작물 재배지이며 2.6%가 다년생작물 재배지이다. 브라질의 목초지 대부분은 필요한 경우 농경지로 전환이 가능하므로 앞으로 식량 및 바이오에너지작물 재배용지로 이용할 수 있다. 그러므로 브라질 농업생산 잠재력은 대단히 큰 것으로 평가할 수 있다.

농경지 중에서 관개시설을 갖춘 농지는 전체의 4% 수준에 불과하므로 충분한 용수자원을 고려할 때 효과적인 관개시설만 갖춘다면 비약적인 생산력 향상도 기대할 수 있다.

브라질의 국토(육지)면적 중에서 농지면적은 31.2%인 264.5백만ha인데, 이는 한국의 147배, 미국의 64%에 해당하는 면적이다. 총 농지중에서는 목초지가 74.1%이고 농경지가 25.9%이다.

표(14) 브라질의 국토이용 현황

단위 : 천ha

year	국토 (County area)	육지 (Land area)	농지				
			계	농경지			목초지 (Permanent meadows and pastures)
				소계 (Arable land and Permanent crops)	농경지 (Arable land)	다년생 (Permanent crops)	
1995	851,488	845,942	258,472	65,500	58,059	7,441	192,972
2000	851,488	845,942	261,406	65,200	57,700	7,500	196,206
2008	851,488	845,942	264,500	68,500	61,000	7,500	196,000
한국(08)	9,972	9,692	1,805	1,747	1,553	194	58
미국(08)	983,151	914,742	411,200	173,200	170,500	2,700	238,000

자료 : FAO STAT, Oct. 2010.

브라질의 농경지 확대 가능성도 엄청나게 크다. 현재 상태에서도 개발이 진행되고 있는 중서부 사바나지역(Virgin Cerrado)의 농지확장 가능면적은 6천만 내지 7천만ha 규모가 된다고 한다. 또한 방대한 초지의 35~40%에 해당하는 7천만 내지 8천만ha가 농경지로 전환될 잠재적 가능성이 있다. 환경규제가 심한 아마존 주에서 1천만ha 정도의 추가적 농경지가 발생할 것이다. 이에 따라서 최소한 1억4천만 내지 1억6천만ha 내외의 추가적인 농경지 확장이 이루어질 가능성이 있다. 이에 따라서 2008년 현재의 브라질 농경지 6천만ha는 2억ha 이상으로 확대되어 미국(1억7천만ha)보다 넓은 농경지를 확보할 잠재적 가능성이 있다.

확장될 농경지 중에서 최소한 5천만ha 이상의 농지가 대두생산

표(15) 브라질의 농경지 확장 가능성

단위 : 100만ha

농경지 확장수단	확대가능면적
1. 세하도 지역(Virgin Cerrado) 개발	60~70
2. 초지 전환	70~80
3. 아마존 지역 개발	10
합계	140~160

용지로 이용될 것이며, 나머지는 바이오에탄올 생산을 위한 사탕수수 재배농지로 이용될 가능성이 높다.

브라질 국토의 농업목적의 이용률은 기상환경조건, 물류조건 및 환경보전적 규제 등의 영향으로 지역 간 격차가 크다. 2006년 시행된 농업센서스 결과에 의하면 남부지역의 농지이용 비율이 74%로 가장 높고 그 다음이 중서부지역이 64%이며 북부지역이 14.2%로 가장 낮다. 주 별로는 환경보전 규제가 심한 Amazonas주가 2.3%로 가장 낮은 반면에 중서부 Mato Grosso do sul주가 83.6%로 가장 높다.

브라질의 농가당 평균 경지규모는 64ha로 한국의 40배가 넘는다. 지역별로는 중서부지역이 327ha로 가장 크고 북동부의 31ha가 가장 작다. 주별로는 중서부의 마또그로수두술 주가 463ha로 가장 크고 북동부의 Sergipe주가 15ha로 가장 작다. 총 농가수는 5,175천호인데 47.4%에 해당하는 2,454천호가 북동부에 있고 그 다음이 19.4%인 1,006천호가 남부지역에 있다. 이러한 농가평균 농경지 규모의 차이로 인하여 지역별 농업특성이 결정되는데, 경

지규모가 큰 중서부지역은 목축과 곡물농업 등 토지조방적 이용
경영이 이루어지고 있고 북동부와 남부지역에서는 과수 및 채소
등 토지집약적 이용경영이 발달하고 있다.

표(16) 주별 농지이용면적과 농가수(2006)

단위 : 천ha, %, 천호, ha

구분	국토면적(A)	이용면적(B)	B/A	농가수(C)	호당면적
계	850,899	329,941	38.8	5,175	64
북부	385,235	54,787	14.2	476	115
Rondonia	24,472	8,329	34.0	87	96
Acre	15,260	3,491	22.9	29	118
Amazonas	157,200	3,634	2.3	67	54
Roraima	23,089	1,700	7.4	10	165
Para	123,770	22,466	18.2	222	101
Amapa	13,813	874	6.3	4	248
Tocantins	27,632	14,293	51.7	57	253
북동부	154,900	75,594	48.8	2,454	31
Maranhao	32,600	12,991	39.8	287	45
Piaui	25,211	9,507	37.7	245	39
Ceara	14,972	7,922	52.9	381	21
Rio Grande do Norte	5,290	3,188	60.3	83	38
Paraiba	5,702	3,783	66.3	167	23
Pernambuco	9,943	5,434	54.7	305	18
Alagoas	2,779	2,108	75.9	123	17
Sergipe	2,098	1,480	70.5	101	15

구분	국토면적(A)	이용면적(B)	B/A	농가수(C)	호당면적
Bahia	56,306	29,181	51.8	762	38
중서부	162,126	103,797	64.0	317	327
Mato Grosso do Sul	35,959	30,057	83.6	65	463
Mato Grosso	90,537	47,806	52.8	113	423
Goias	35,049	25,684	73.3	136	189
Distrito Federal	580	251	43.3	4	64
남동부	92,511	54,236	58.6	922	59
Minas Gerais	59,209	32,648	55.1	552	59
Espirito Santo	4,439	2,838	63.9	84	34
Rio de Janeiro	4,330	2,049	47.3	58	35
Sao Paulo	24,534	16,701	68.1	228	73
남부	56,127	41,526	74.0	1,006	41
Parana	19,770	15,287	77.3	371	41
Santa Catarina	9,610	6,040	62.9	194	31
Rio Grande do Sul	26,747	20,199	75.5	441	46

자료 : 한국농어촌공사, 「브라질 농업투자환경 조사 보고서」, 2009.12.

4) 농업인력자원

브라질의 인구는 꾸준히 증가하고는 있지만 최근 들어서 증가
추세가 둔화되고 있다. 1980년대에는 인구가 매년 1.7~2.4%씩
증가했으나 1990년대에는 매년 1.5~1.7%씩, 그리고 2000년 들
어서는 매년 1.0~1.4%씩 증가하고 있다.

총 인구 중에서 경제활동인구 비율은 '80년대의 40% 수준에서
2000년대에는 50% 이상으로 높아지고 있다. 그러나 경제활동인

구 중에서 농업인구의 비율은 '80년의 30% 수준에서 2008년 현재 11.8% 수준으로 낮아지고 있다. 경제활동인구 비율이 높아지고 있다는 것은 브라질 경제의 활성화가 이 기간 중에 이루어지고 있다는 것을 시사한다.

농업인구는 '80년대 전반기에는 매년 1.3~2.0%씩 감소하였으나 경제가 성장하기 시작한 '80년대 후반기부터 '90년대까지는 매년 2.2~3.2%씩 감소하고 있다. 인구는 증가하고 있지만 농업인구는 감소추세가 빠르게 진행되고 있는 것이다.

2008년의 브라질 농업인구는 22,406천명으로 전체 인구의 11.7%를 차지함으로서 남미 주요국가와는 비슷한 수준이지만 선진국 보다는 많은 수준이다. 경제활동인구 중에서 농업종사자의 비율은 11.8%로서 콜롬비아(15.6%), 칠레(13.7%)보다는 낮지만 아르헨티나(7.7%)보다는 높은 수준이다.

표(17) 주요 국가별 농업인구 및 농업종사자(2008)

단위 : 천명

구분	브라질	아르헨티나	콜롬비아	칠레	한국	미국
인구(A)	191,972	39,883	45,012	16,804	48,152	311,666
농업인구(B)	22,406	3,196	7,164	2,317	2,511	5,483
B/A(%)	11.7	8.0	15.9	13.8	5.2	1.8
경제활동인구(C)	98,429	18,535	22,818	7,087	24,223	161,865
농업종사자(D)	11,650	1,430	3,560	970	1,441	2,674
D/C(%)	11.8	7.7	15.6	13.7	5.9	1.7

자료 : 한국농어촌공사, 「브라질 농업투자환경 조사 보고서」, 2009.12.

2006년 농업센서스에서 밝혀진 농가의 영농형태별 분포는 경종농업이 52%, 축산업이 44%, 그리고 임업은 4%를 차지한다.

경종농가의 71%는 콩 등 식량작물을 재배하고 있으며 28%는 채소, 화훼, 과수 등 원예작물을 재배한다. 임업농가 중에서 40%는 대규모의 토지에 순차적인 조림을 통해서 목재를 생산하는 농가이다.

표(18) 영농유형별 농가수 및 경영규모(2006)

단위 : 천호,천ha,ha

구분	계	경종농업					축산	임업	어업 (양식업)
		소계	식량작물	채소·화훼	과수	종자,종묘			
농가수	5,175	2,670	1,909	200	559	3	2,277	201	27
토지면적	329,941	108,965	83,464	6,052	19,012	437	204,443	15,177	1,357
호당면적	64	41	44	30	34	163	90	76	50

자료 : 브라질통계청, 2006 농업센서스

영농유형 별 경영규모는 종자, 종묘생산농가가 호당 163ha로 가장 크고 그 다음이 축산(90ha), 임업(76ha) 순이다. 채소·화훼(30ha), 과수(34ha) 농가의 경영규모는 상대적으로 작다.

토지규모 별 농가수 분포를 보면 5ha 미만의 농가수는 전체의 40.5%를 차지하고 있지만 이들이 차지하고 있는 농지의 전체농지에 대한 비율은 1.0%에 불과하다. 반면에 100ha 이상의 농지를 경영하고 있는 농가수는 전체의 9.1%이지만, 이들이 차지하는 농지의 전체농지에 대한 비율은 78.6%에 이른다. 특히 1,000ha 이상의 초대형 농장은 47,000개소로서 전체의 0.9%에 불과하지만 전체토지의 44.4%를 점유하고 있다.

표(19) 농가수와 규모별 농지면적의 분포(2006)

구분	농가수	비중(%)	토지면적	비중(%)
계	5,175,489	100.0	329,941,393	100.0
1ha 미만	861,832	16.7	264,819	0.1
1~5ha	1,233,926	23.8	3,048,940	0.9
5~10ha	636,337	12.3	4,484,847	1.4
10~20ha	736,792	14.2	10,289,684	3.1
20~50ha	843,911	16.3	26,120,628	7.9
50~100ha	390,874	7.6	26,482,780	8.0
100~200ha	220,255	4.3	29,342,738	8.9
200~500ha	150,859	2.9	46,395,555	14.1
500~1,000ha	53,792	1.0	36,958,185	11.2
1,000ha이상	46,911	0.9	146,553,218	44.4

자료 : 브라질통계청, 2006 농업센서스

5) 지역별 농업유형

지역별 기상조건과 자원부존 정도 및 경영여건의 차이에 따라서 지역별 농업경영 유형도 다양하게 형성되고 있다.

아마존의 밀림지대는 대단위 경작이 제한되어 삼림에 의존한 농업(Forest Based Agriculture)이 이루어지고 있는 생계형 농업으로 농가들은 일부가 소규모로 가축을 기르기도 한다.

북부와 북동부의 대서양연안지대에서는 대단위 기업형 농업(plantation)과 복합적 영농(Coastal plantation and Mixed)이 이루어지고 있는데 수출작물 위주의 농업과 낚시와 관광 등 농외소득 목적의 복합적경영이 이루어지고 있다.

그림(25) 브라질의 영농유형

- ■ 임업기반형
- □ 해안 기업형, 혼합농
- ▨ 집약 혼합형
- ■ 곡류-가축(초원)
- □ 고지대혼합형(세라도)
- ▨ 온대혼합형(반건조, 초원)

자료 : 한국농어촌공사, 「브라질 농업투자환경 조사 보고서」, 2009.12.

남동부 대서양 연안지대는 브라질의 산업중심지로서 인구밀집 지역인데, 이 저역의 농업은 집약적 복합농업(Intensive Mixed Agriculture)으로 특징된다. 농가의 주요 소득원은 커피, 채소, 화훼, 과수 등이다.

남부의 빰빠(Pampas)지역은 곡물재배와 축산을 병행하는 복합영농(Cereal-Livestock Campus)이 이루어지고 있다.

빰빠지역은 브라질 남부에서 파라과이, 아르헨티나로 연결되는 남미대륙의 방대한 중부 평원지대의 일부로 곡물재배와 소를 기르는 단순한 복합경영체계가 지배적인 지역이다.

중서부 내륙지대에서는 광활한 초지를 기반으로 하는 목축업과 대두, 옥수수 등 대규모 곡물 Plantation이 발달하고 있다.

북동부 건조지대에서는 건조지대 복합농업(Mixed/Dryland Agriculture)이 주로 이루어지고 있다. 가축사육과 옥수수, 카사바 중심의 생계형 농업이 이루어지고 있으며 다른 지역으로 품팔이를 위하여 계절이민도 이루어지는 지역이다.

그림(26) 중서부 대두농장의 콩 수확

04

브라질 농축산업의 생산과 유통

제4장

브라질 농축산업의 생산과 유통

1. 주요 농작물의 생산과 수급

1) 주요 농작물의 생산 추이

브라질은 세계적인 농산물 생산대국이다. 2009년 현재, 오렌지와 커피, 그리고 사탕수수는 생산량 순위에서 세계 제1위 국가이며 전세계 생산량에서 차지하고 있는 비율은 각각 27.1%, 29.5%, 41.0%이다. 대두는 미국에 이은 제2위 생산국으로 점유 비율은 25.6%이고 잎담배는 중국에 이은 제2위 생산국으로 점유 비율은 12.5%이다. 옥수수는 미국, 중국에 이은 제3위 생산국으로 점유 비율은 6.3%이다.

2009년 현재 수확면적을 기준으로 하여 브라질에서 가장 넓은 면적에서 재배되고 있는 작물은 콩으로 21,760천ha이다. 그 다음이 옥수수(13,791천ha), 사탕수수(8,598천ha), 기타콩(4,149천ha), 쌀(2,888천ha), 밀(2,433천ha), 커피(2,134천ha) 등의 순서이다.

표(20) 브라질의 주요 작물의 생산량 국제 순위(2009)

단위 : 천톤, %

품목	국가	생산량	비중	품목	국가	생산량	비중
오렌지 (67,602)	브라질	18,340	27.1	사탕수수 (1,682,578)	브라질	689,895	41.0
	미국	8,281	12.2		인도	285,029	16.9
	중국	4,054	6.0		중국	113,746	6.8
	스페인	2,780	4.1		태국	66,816	4.0
	이탈리아	2,478	3.7		파키스탄	50,045	3.0
커피 (8,261)	브라질	2,433	29.5	옥수수 (817,111)	미국	333,011	40.8
	베트남	1,176	14.2		중국	163,118	20.0
	콜롬비아	888	10.7		브라질	51,232	6.3
	인도네시아	700	8.5		멕시코	20,203	2.5
	에티오피아	260	3.2		인도네시아	17,630	2.2
잎담배 (6,911)	중국	3,002	43.4	대두 (222,269)	미국	91,417	41.1
	브라질	862	12.5		브라질	56,961	25.6
	미국	373	5.4		아르헨티나	30,993	13.9
	터키	85	1.2		중국	14,500	6.5
	불가리아	51	0.7		인도	10,217	4.6

( ) 안은 전세계 생산량임
자료 : FAO STAT, Oct.2010

　　최근 9년간(2000~2009) 재배면적의 증가율이 가장 높은 작물
은 밀로서 연평균 9.61%씩 증가했으며 그 다음이 사탕수수
(6.58%), 대두(5.33%), 잎담배(4.01%), 옥수수(1.93%) 등의 순서
였다. 그러나 쌀(-2.59%), 커피(-0.68%), 기타콩(-0.48), 오렌지
(-0.30) 등의 재배면적은 감소하였다. 사탕수수의 재배면적이 높

은 속도로 증가하고 있는 것은 바이오에탄올의 신수요가 창출되고 있기 때문이고 대두의 재배면적이 증가하고 있는 것은 전 세계 각 지역으로부터 수출수요가 증가하고 있기 때문이다.

표(21) 브라질의 주요 농작물 재배면적 변화추이(2000~2009)

단위 : 천ha, %

작물종류	2000	2005	2006	2007	2008	2009	연평균 증감률
기타콩(Beans, dry)	4,332	3,749	4,034	3,788	3,782	4,149	−0.48
카사바(Cassava)	1,722	1,902	1,897	1,894	1,889	1,873	0.94
커피(Coffee, green)	2,268	2,326	2,312	2,264	2,222	2,134	−0.68
옥수수(Maize)	11,615	11,549	12,613	13,767	14,445	13,791	1.93
오렌지(Oranges)	856	806	806	821	837	834	−0.30
쌀(Rice, paddy)	3,655	3,916	2,971	2,891	2,851	2,888	−2.59
대두(Soybeans)	13,640	22,949	22,047	20,565	21,057	21,760	5.33
사탕수수(Sugar cane)	4,846	5,806	6,355	7,081	8,140	8,598	6.58
잎담배(Tobacco, unmanufactured)	310	494	496	459	432	441	4.01
밀(Wheat)	1,066	2,361	1,560	1,853	2,364	2,433	9.61

자료 : FAO STAT, Oct.2010

최근 9년간(2000~2009) 생산량의 증가율이 가장 높은 작물은 밀이 연평균 12.9%씩 증가하였고, 그 다음이 사탕수수(8.62%), 대두(6.35%), 옥수수(5.41%), 잎담배(4.54%), 커피(2.76%), 쌀(1.43%) 등의 순이었다.

표(22) 브라질의 주요 농작물 생산량 변화추이(2000~2009)

단위 : 천톤, %

작물종류	2000	2005	2006	2007	2008	2009	연평균 증감률
기타콩(Beans, dry)	3,038	3,022	3,458	3,169	3,461	3,523	1.66
카사바(Cassava)	23,336	25,872	26,639	26,541	26,703	26,031	1.22
커피(Coffee, green)	1,904	2,140	2,573	2,249	2,797	2,433	2.76
옥수수(Maize)	31,879	35,113	42,662	52,112	58,933	51,232	5.41
오렌지(Oranges)	21,330	17,853	18,032	18,685	18,538	18,340	−1.66
쌀(Rice, paddy)	11,090	13,193	11,527	11,061	12,061	12,605	1.43
대두(Soybeans)	32,735	51,182	52,465	57,857	59,242	56,961	6.35
사탕수수(Sugar cane)	327,705	422,957	477,411	549,707	645,300	689,895	8.62
잎담배(Tobacco, unmanufactured)	578	889	900	909	851	862	4.54
밀(Wheat)	1,662	4,659	2,485	4,114	6,027	4,965	12.93

자료 : FAO STAT, Oct.2010

　브라질의 주요 농산물의 생산성(kg/ha)이 세계 평균보다 높은 작물은 대두, 사탕수수, 재래콩, 카사바, 오렌지 등이다. 이들 품목의 생산성이 높은 이유는 품종육성 등 재배기술적 우위(대두)때문이거나 자연조건의 유리성 때문이다. 그러나 대두와 오렌지는 생산성이 미국보다 낮고 사탕수수는 아프리카 지역보다 낮으며 재래콩과 카사바는 동남아국가보다 낮다. 또한 옥수수, 밀 등의 생산성은 세계 평균보다 현저하게 낮다.

표(23) 주요 품목의 단위당 생산량 수준(2008)

단위 : 천ha, 천톤

구분	수확면적	비중	생산량	단수(kg/ha)	세계평균 단수(kg/ha)
전체	64,117	100.0	–	–	–
대두	21,716	33.9	56,852	2,618	2,397
옥수수	13,823	21.6	49,776	3,601	5,128
사탕수수	8,632	13.5	691,791	80,141	71,577
재래콩	4,135	6.4	3,615	874	771
쌀(조곡)	2,903	4.5	12,616	4,346	4,307
밀	2,379	3.7	5,733	2,410	3,068
커피	2,155	3.4	2,413	1,120	846
카사바	1,890	2.9	26,577	14,059	12,446
면화	845	1.3	3,004	3,555	–
오렌지	842	1.3	18,531	22,012	16,426

자료 : IBGE, LEVANTAMENTO SISTEMAICO DA PRODUCAO AGRIOLA, 2009.
　　　 FAO STAT, Oct.2010.

최근 20년 동안(1989~2009) 진행된 주요 농산물의 생산성 변화추이를 살펴보면 쌀, 목화 등은 2배 이상으로 증가하였으며, 재래콩 96%, 옥수수 75%, 밀 42%, 대두 33%, 사탕수수 29% 등의 순으로 생산성이 증가하였다. 그러나 카사바, 커피, 오렌지 등의 생산성 향상은 정체상태였다.

그림(27) 생산성 증가율이 빠른 주요 작물의 생산성 향상 추이

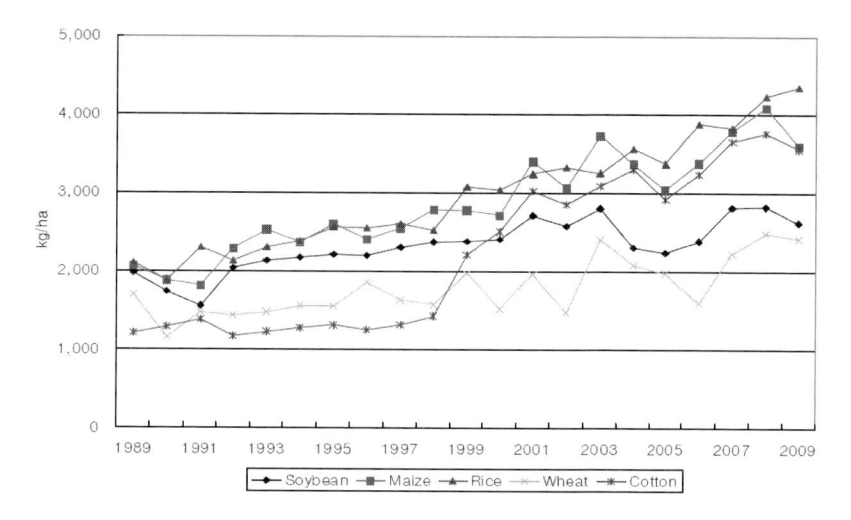

2) 주요 농산물의 생산과 교역

최근 3년(2006~2009) 간의 주요곡물의 수급상황을 종합적으로 살펴보면 다음과 같다.

대두는 생산량이 57~60백만톤인데 생산량 중에서 40~43%가 수출되고 있다. 대두박은 24백만톤 내외가 생산되는데 이 중에서 50~52%가 수출된다. 대두유는 6.0~6.2백만톤 내외가 생산되어 생산량의 32~40%가 수출된다. 이로 미루어서 대두와 대두가공제품은 브라질의 가장 중요한 수출농산물임을 알 수 있다.

옥수수는 50~59백만톤이 생산되는데 이 중에서 11~21%가 수출된다. 그러나 생산량의 1~2% 해당량이 수입도 되고 있다.

표(24) 주요 농산물 수급현황(2006~2009)

품목	연도	공급				공급			비율	
		이월	생산량(A)	수입(B)	합계	소비	수출(C)	재고	B/A	C/A
대두	2006/07	2,470	58,932	98	61,499	35,550	23,734	3,676	0.2	40.3
	2007/08	3,676	60,018	96	63,790	34,750	24,500	4,540	0.2	40.8
	2008/09	4,540	57,119	100	61,759	34,320	24,600	2,839	0.2	43.1
대두박	2006/07	1,783	23,947	101	25,831	11,050	12,474	2,307	0.4	52.1
	2007/08	2,307	24,717	117	27,141	11,800	12,288	3,053	0.5	49.7
	2008/09	3,053	24,540	100	27,693	12,000	12,800	2,893	0.4	52.2
대두유	2006/07	215	5,909	44	6,168	3,550	2,343	275	0.7	39.6
	2007/08	275	6,260	27	6,562	4,000	2,315	246	0.4	37.0
	2008/09	246	6,215	30	6,491	4,200	2,000	291	0.5	32.2
옥수수	2006/07	3,568	51,370	1,096	56,034	41,500	10,934	3,330	2.1	21.3
	2007/08	3,300	58,652	808	62,761	44,500	6,400	11,861	1.4	10.9
	2008/09	11,861	50,268	500	62,629	45,000	8,000	9,629	1.0	15.9
쌀	2006/07	2,879	11,316	1,070	15,265	12,930	313	2,022	9.5	2.8
	2007/08	2,022	12,060	590	14,671	12,800	790	1,081	4.9	6.5
	2008/09	1,081	12,639	800	14,520	12,950	600	970	6.3	4.7
밀	2006/07	1,993	2,234	7,810	12,037	10,261	22	1,754	349.6	1.0
	2007/08	1,754	4,097	6,896	12,747	10,381	751	1,615	168.3	18.3
	2008/09	1,615	6,016	6,160	13,791	10,813	400	2,578	102.4	6.6
면화	2006/07	191	1,524	97	1,812	996	419	397	6.4	27.5
	2007/08	397	1,062	34	1,492	1,015	533	485	3.2	50.2
	2008/09	485	1,193	40	1,718	1,004	435	279	3.4	36.5

자료 : CONAB-Survey:Aug/2009

쌀은 11~13백만톤이 생산되는데 최근에 생산량이 늘고 있다. 쌀 생산량의 5~10% 해당량이 수입되고 있으며, 동시에 3~7%가 수출된다.

밀은 최근 들어 생산량이 급속하게 증가하고 있는데, 2009년의 생산량은 6.2백만톤이었다. 밀 생산량이 부족하여 2006년에는 생산량의 3.5배 해당량을 수입으로 충당하였는데 2009년에는 국내 생산량 정도 만큼만 수입하고 있어서 국내 밀 생산량이 최근 들어서 증가하고 있음을 알 수 있다. 면화는 1.0~1.5백만톤을 생산하고 있는데 생산량의 28~50%를 수출하고 있다.

3) 주요 농작물 별 수급 현황

한국농업진출의 관심품목이 되고 있는 주요 작물별 수급과 전망을 작물별로 정리하면 다음과 같다.

(1) 대두(Soybean)

최근 10년간(1998~2008) 대두 재배면적은 1.6배 정도로 증가하였으며 생산성도 19% 정도 향상되었다.

주요 생산지역 별 재배면적도 크게 변하였다. 1998년에 대두의 지역별 재배면적 순위는 남부(47.1%), 중서부(39.1%), 남동부(8.2%), 북동부(5.3%) 등의 순이었으나 2008년에는 중서부(45.2%), 남부(38.4%), 북동부(7.4%), 남동부(6.5%) 등의 순으로 크게 바뀌었다. 재배면적 증가율이 가장 높은 지역은 북부(1,117%), 북동부(125.4%), 중서부(86.1%), 남부(31.0%) 등의 순이었다. 주별로 재배면적은 '98년에는 남부의 리오그란데두술(23.9%)과 파라나(21.5%)주가 가장 많았고, 그 다음이 중서부의 마또그로수(20.0%)와 고이아스(10.5%)주 등의 순이었으나 2008년에는 중서부의 마또그로수 주가 26.6%로 최대 생산지역이 되었고, 그 다음이 남부의 파라나(18.7%), 리오그란데 두술(18.0%), 중서부의 고이아스(10.2%) 등으로 순위가 바뀌었다.

이러한 주산지의 변화는 고온성 대두품종의 육종과 보급으로 중서부와 북동부의 생산성 향상이 이 기간 동안에 이루어졌다는 점과 중서부지역은 상대적으로 지가(地價)가 낮기 때문에 기계화에 의한 대규모경영의 유리성이 실현되기 때문이라고 평가된다.

표(25) 대두 지역별 재배면적 및 생산성의 변화

단위 : 천ha, kg/ha, %

구분	1998(A)			2008(B)			증감률(B/A)	
	면적	비율	단수	면적	비율	단수	면적	단수
계	13,222	100.0	2,367	21,272	100.0	2,817	60.8	19.0
북부	41	0.3	2,250	499	2.3	2,822	1117.1	25.4
북동부	701	5.3	2,110	1,580	7.4	3,057	125.4	44.9
남동부	1,090	8.2	2,114	1,392	6.5	2,882	27.7	36.3
남부	6,229	47.1	2,312	8,175	38.4	2,510	31	8.5
파라나	2,848	21.5	2,558	3,969	18.7	2,973	39.4	16.2
리오그란데두술	3,163	23.9	2,088	3,833	18.0	2,028	21.2	−3.0
중서부	5,171	39.1	2,522	9,625	45.2	3,028	86.1	20.1
마또그로수두술	1,109	8.4	2,091	1,731	8.1	2,640	56.1	26.3
마또그로수	2,643	20.0	2,734	5,665	26.6	3,145	114.3	15.0
고이아스	1,383	10.5	2,465	2,180	10.2	3,029	57.6	23.0

자료 : 한국농어촌공사, 브라질농업투자환경조사보고서, 2009.12.

대두의 재배면적과 단수는 2000년대 들어서 빠르게 증가하였으며, 2012년에는 2000년에 비해서 재배면적은 약 2배, 단수는 약2.2배 상승할 것으로 전문가(Agroconsultant)들은 전망하고 있다.

그림(28) 콩의 재배면적과 생산성

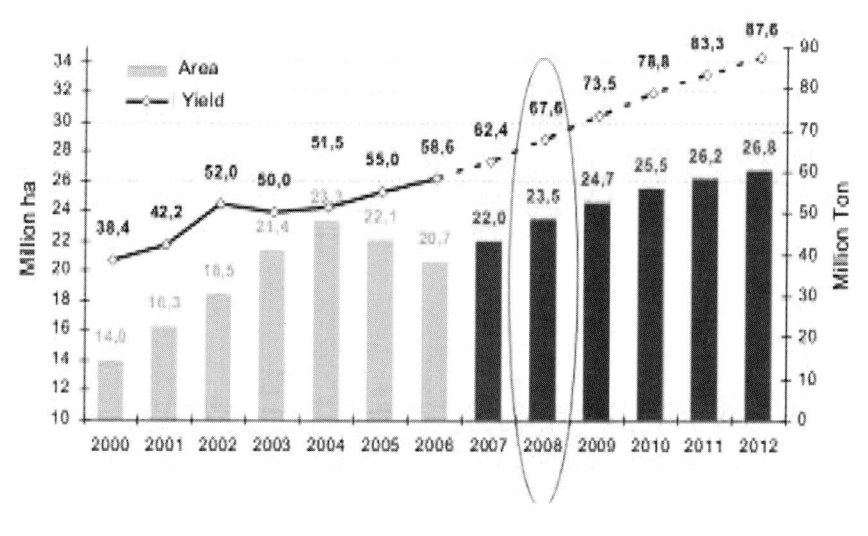

자료 : 한국농어촌공사, 브라질농업투자환경조사보고서, 2009.12.

콩에 대한 국내 수요량은 2008년 1월부터 정부의 바이오디젤 의무사용법률이 적용됨에 따라 앞으로 계속 증가할 전망이다. 이 법률에 의하면 현행의 2% 의무혼용 비율이 2012년까지 5%로 확대하는 것으로 되어 있다. 또한 아시아 지역 국가의 콩에 대한 수출수요가 매년 5%씩 증가함에 따라 수출도 계속 증가할 전망이다.

(2) 사탕수수(Sugar Cane, Sorghum)

사탕수수는 설탕 또는 에탄올로 가공되어 수출되는 브라질의 주요 수출전략작물이다. 도입 초기부터 대서양 연안지역을 중심으로 발달하였으며 국내 주산지는 남동부의 상파울로 주와 미나스 제라이스주 그리고 북동부의 알라고아스 주이다. 최근에는 중서부 지역의 사탕수수 생산면적이 급증하여 새로운 주산지로 부상하고 있다.

중서부지역에서 사탕수수 재배면적이 증가하고 있는 것은 현재의 주산지와 비교하여 생산성에서 큰 차이가 없는 반면에 땅 값이 상대적으로 싸기 때문이다.

브라질 정부의 바이오에너지에 대한 높은 관심과 정책적인 지원에 힘입어 사탕수수 가공공장이 해안가 중심에서 내륙으로 이동하는 추세에 있으며, 2007년 현재의 359개소의 공장이 2011년까지 426개로 증설될 계획이다. 또한 내륙지역에서 해안까지의 에탄올 수송관 설치도 계획되고 있다.

브라질의 바이오에탄올 정책에 의하면 현재 사용되는 휘발유에 에탄올을 최소한 25% 혼합 사용하도록 규정하고 있다. 이에 따라 사탕수수의 현재 상태에서의 가공수익률은 설탕보다 다소 떨어지지만(설탕 30%, 에탄올 25%) 증가하는 수요를 충당하기 위하여 에탄올 가공공장의 건설이 빠른 속도로 증가하고 있다.

사탕수수의 가공품인 설탕은 총 생산량 28백만톤 중에서 64%

(18백만톤)가 수출되는 주요 수출품이다. 그러나 친환경연료인 에탄올에 대한 관심이 증가하면서 설탕의 생산과 소비는 정체상태이다. 이에 따라서 사탕수수에서 가공되는 설탕과 에탄올의 생산량 비율은 2007/08년도에 50:50으로 같았으나 앞으로 2011/12년도에는 36:64로 그 비율이 변화될 것으로 전망되고 있다.

정부는 바이오에탄올의 생산과 소비(수출포함)량을 2008년 현재 수준보다 2012년에는 두 배로 증가시킬 계획을 세우고 있다.

이에 따라서 사탕수수 재배면적도 2008년 현재의 8백만ha에서 2012년에는 1천만ha로 확대될 것으로 전망되고 있다.

그림(29) 사탕수수의 재배면적 변화추이와 전망

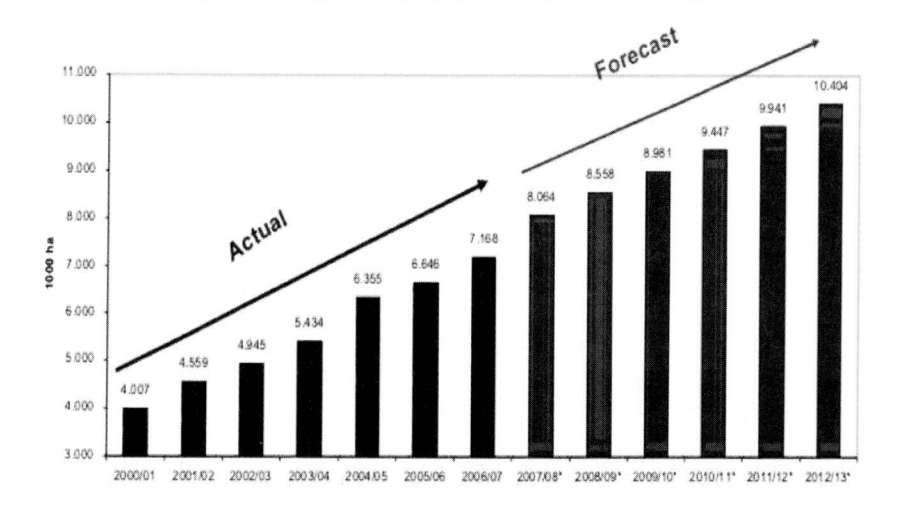

자료 : 한국농어촌공사, 브라질농업투자환경조사보고서, 2009.12.

(3) 옥수수(Maize)

옥수수는 2009년 현재 대두 다음으로 많은 면적에서 재배되는 작물이지만 최근 9년간 재배면적 증가율은 연평균 1.9%로 사탕수수(6.6%), 대두(5.3%) 보다는 훨씬 낮다.

그러나 브라질 내의 축산부문의 높은 성장률(양계 연평균 7%, 양돈 연평균 5% 내외)에 의한 사료의 내수소비량 확대와 국제곡물가격의 상승추세에 따른 해외수요의 증가로 옥수수의 재배면적과 생산성은 앞으로도 계속적으로 증가하게 될 것으로 전문가들은 전망하고 있다.

그림(30) 옥수수의 재배면적과 생산성

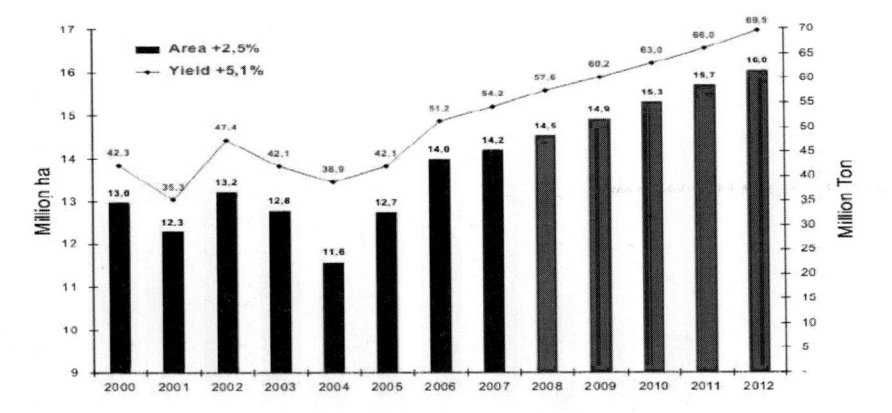

자료 : 한국농어촌공사, 브라질농업투자환경조사보고서, 2009.12.

(4) 커피(Coffee)

식민지 경제시절 이래 독립 초기의 브라질 경제를 이끌었던 커피는 2008년 현재 농산물 수출액의 8.6%를 차지하고 있는 주요 농산물인 동시에 브라질 국민의 유별난 사랑을 받고 있는 작물이다.

그러나 상대적으로 노동집약적인 커피생산은 임금의 상승과 노동법규의 영향으로 어려움을 겪으면서 재배면적이 2005년 이후 지속적으로 감소하고 있다.

최근 중규모 또는 대규모의 기계화된 커피농장들이 많이 생겨나고 있으며 커피 품질의 향상과 차별화를 위해 생산인증제가 도입되고 있고 고품질의 소비자를 대상으로 하는 유기농커피(Organic Coffee)의 생산도 늘어나고 있는 추세이다.

그림(31) 커피의 재배면적, 단수, 생산량, 수출량 추이

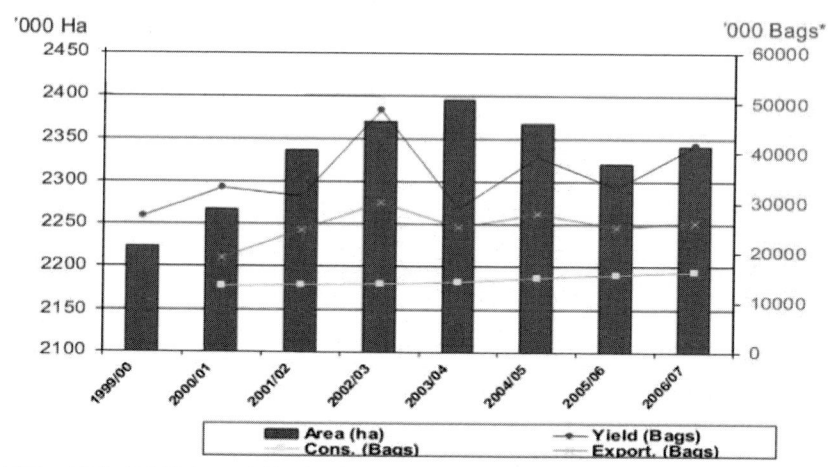

자료 : 한국농어촌공사, 브라질농업투자환경조사보고서, 2009.12.

4) 주요 작물의 재배시기

(1) 대두

중부와 남부에서는 9월 하순에서 1월 상순에 파종하여 1월 하순에서 5월 하순에 수확하며 동부와 북동부에서는 1월보다 한 달 정도 늦은 시기에 파종과 수확이 이루어지고 있다.

브라질은 환경적응품종의 개발, 질소고정생리의 연구와 활용, 무경운(No Tilling) 재배기술과 병해충의 생물적 방제기술의 개발 등 대두재배의 기술혁신을 통하여 재배면적을 남부지역 중심으로부터 전국적으로 확대할 수 있었다.

(2) 사탕수수

사탕수수는 파종 후 수 년 동안 여러 차례에 걸쳐서 수확하는 다년생 작물이며 중서부와 남부지역에서는 5월부터 9월까지, 그리고 북부와 북동부에서는 9월부터 다음 해 3월까지 수확한다. 수확 즉시 가공을 해야 하므로 가공작업의 편중화를 분산시키기 위하여 수확시기의 조절이 필수적이므로 품종의 조만성 안배에 의한 수확시기 조절과 함께 수확촉진제를 처리하기도 한다. 개화기(만개 이전)에 수확하며 콤바인 수확과 인력에 의한 수확방법이 이용된다.

(3) 옥수수

중부와 남부에서는 8월 상순에서 12월 하순에 파종하여 1월 상순에서 6월 하순에 수확하며, 동부와 북동부에서는 이보다 70여일 정도 늦은 시기에 파종과 수확이 이루어진다. 중북부지역에서는 연간 2회 옥수수 재배가 이루어지는데(1차:10월 중순~12월 파종 → 2월~6월 수확, 2차:1~2월 파종 → 5~6월 수확), 2모작 재배의 경우에는 가뭄으로 수확량이 적다.

옥수수와 콩의 윤작은 지속적 농업 차원에서 권장되고 있고 무경운농법도 권장되고 있다. 옥수수는 약 230여개의 품종이 육성되어 전국의 모든 환경에 적응할 수 있는 품종보급이 가능하다.

(4) 벼

벼는 Mato Grosso에서 재배가 시작되어 Rio Grande do Sul 주와 Santa Catarina 주로 확대되어 주산지를 이루고 있다.

중부와 남부에서는 10월 상순에서 1월 하순에 파종하여 2월 상순에서 6월 상순에 수확하며 동부와 북동부에서는 이 보다 보름 정도 늦은 시기에 파종과 수확이 이루어지며 장립종(Indica Type)이 재배된다.

리오그란데 벼 연구소(Instituto Rio-Grande do Arroz : Inga)는 벼의 생산성을 10톤/ha를 목표로 향상시키는 사업을 추진하고 있다. 이 사업은 주 전체로 확대되고 있으며 참여농가의 평균수량이 9.5톤/ha에 달하고 있다고 한다.

오리농법에 의한 벼 재배도 친환경농업 차원에서 권장되고 있다.

(5) 기타 작물의 재배시기

밀은 중남부에서 3월말~5월 하순에 파종하여 8월말~11월 말에 수확하며 Rio Grande do Sul에서는 4월말~6월 하순에 파종하여 9월말~11월 말에 수확한다.

면화는 중남부에서는 9월초~11월 하순에 파종하여 2~5월에 수확하고 북동부에서는 4월초~5월말에 파종하여 8월초~1월말에 수확한다.

감귤류(Citrus)는 대부분의 지역에서 5월부터 12월까지 수확한다.

포도는 5월과 11월에 연 2회 수확하며 채소는 주년생산이 이루어진다.

5) 농업생산 제약요인

환경보호를 위한 정부의 개발제한정책, 기후 및 토양조건에 의한 낮은 생산성, 도로와 영농기반시설 등 영농인프라의 부족, 비료, 농약 등 농자재 공급의 부족 등이 브라질 농업생산력 발전을 저해하는 내표적인 요인들이다.

첫째, 환경보호를 위한 정부의 개발제한정책이 생산력의 발전을 제약하고 있다. 아마존 지역은 전체의 20%, 그리고 중서부 사바나지역(세하도)은 전체의 65%, 그리고 나머지 전 지역은 80%지역만 농장개발이 허용되고 있다. 개발제한구역 안에서는 농사를 포함한 어떠한 개발행위도 금지되어 있다.

둘째, 곡물저장과 가공시설 등 수확 후 처리시설이 부족하다.

브라질의 곡물저장시설 용량은 생산량의 70% 수준으로 미국의 250% 수준에 비해서 현저한 차이가 있다. 이 때문에 홍수 출하 시에 가격하락과 운송비 상승 현상이 발생하고 있다. 특히 사탕수수는 부피가 크고 보관기간이 짧아서 농장을 가공공장으로부터 반경 50㎞ 이내의 거리에 위치해야 한다는 제약조건이 있다. 브라질의 열악한 도로 및 철도시설 등 물류기반의 열악함이 생산력 발전을 저해하고 있는 것이다.

셋째, 건조, 침식, 낮은 비옥도 등 기후 및 토양환경 측면의 요인이 농업생산력의 발전을 저해하고 있다.

동북부의 건조지대는 물 부족 때문에 생산력이 제약되고 있으므로 관개시설이 필수적이다. 세하도 지역은 개발가능한 초원지대가 광대하므로 선진국의 개발수요가 집중되고 있는 지역이지만 4월부터 12월까지의 긴 건기에 대비하기 위해서 관개시설을 확장해야 한다. 세하도 지역은 토양이 척박한 신개간지가 많은데 토양개량기술에 의한 지력 향상과 유지가 필수적인 과제이다.

브라질은 태풍이나 수해가 없으나 강우에 의한 토양침식이 심하여 토양비옥도가 낮다. 그러므로 무경운농법(No tilling)[24]이 정부 차원에서 권장되고 있다.

Embrapa에 따르면 무경운농법을 사용함으로써, 1억톤의 토양

---

24) 작물재배를 위해서 거의 경운작업을 하지 않으며 수확 후에는 부산물(짚 등)을 토양에 덮어 놓았다가 다시 작물을 재배하는 방법이다. 브라질의 무경운농법 재배지는 급증하고 있으며 당년생 작물 재배지의 54%가 무경운농법에 의해서 영농되고 있다.

침식을 막았으며 토양의 비옥도를 향상시키고 180억㎥의 물이 토양내부에 유지되었다고 한다.

넷째, 불충분한 농자재의 공급이 생산력 발전을 저해하고 있다.

브라질은 우기의 많은 강우량에 의해서 토양침식이 심한 지역이 많다. 그러므로 농업생산성의 향상을 위해서는 화학비료의 사용이 불가피하다. 2007년 브라질의 비료성분 별 수급상황을 살펴보면, 소비량에 대한 생산량의 비율이 질소비료 33%, 인산비료 51%, 카리비료 9% 수준에 불과하여 소비량의 상당부분을 수입하고 있다. 비료 종류별로는 황산암모늄, 염화칼슘, 요소 등의 수입량이 많다.

표(26) 비료 성분별 수급 현황(2007)

단위 : 천톤

항목	생산	수입	소비	수출	비고(미국소비량)
질소	984	2,350	2,952	149	16,744
인산	2,086	2,154	4,052	188	5,406
가리	389	3,961	4,309	9	7,026

주 : 성분량 기준임
자료 : 한국농어촌공사, 브라질농업투자환경조사보고서, 2009.12.

브라질의 비료사용 총량을 비료성분량을 기준으로 작물별로 나누어 보면, 질소비료는 옥수수(29.4%), 사탕수수(23.3%)에서 가장 많이 사용하고 있으며 재배면적이 가장 넓은 대두는 3.8%만 사용하고 있다.

인산비료는 대두가 41.3%, 옥수수가 20.6%를 사용하고 있으며, 가리비료는 대두(34.7%), 사탕수수(20.6%), 옥수수(16.7%) 등에서 많이 사용하고 있다.

표(27) 작물별 비료 시비량(2006~2007)

단위 : 천톤, %

작물		N	P2O5	K2O
총소비량		10,746	3091	3460
곡류	밀	69	66	62
	쌀	163	145	142
	옥수수	675	649	578
	기타	94	63	31
유지 작물	대두	87	1301	1201
	기름야자나무	5	3	7
	기타	2	3	3
목화		170	142	142
당료작물(사탕수수)		535	274	713
과일/채소		156	157	187
기타		340	346	394

주 : ( )는 국내 총 소비량에 대한 비율임
자료 : 한국농어촌공사, 브라질농업투자환경조사보고서, 2009.12.

브라질은 '90년대 중반까지는 농약을 수출하는 나라였으나 이후 많은 양의 농약을 수입하고 있으며 수입액은 큰 폭으로 증가하고 있다.

2004년의 살균제 수입의 급증은 2001년 브라질에서 처음 발견된 대두의 녹병을 방제하기 위한 목적 때문이었다.

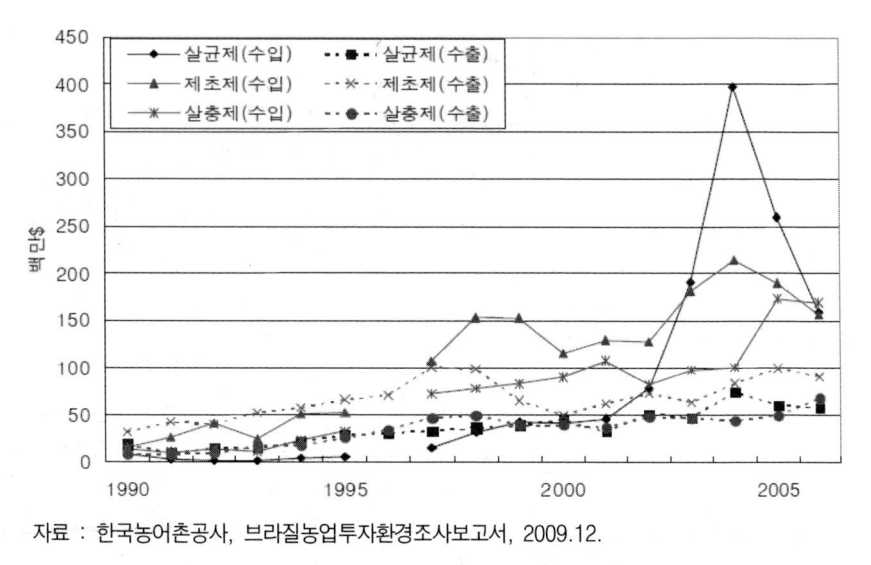

그림(32) 농약 종류별 수출입 추이

자료 : 한국농어촌공사, 브라질농업투자환경조사보고서, 2009.12.

비료, 농약의 수입이 급증하면서 자금력이 취약한 개별농장에서는 필요한 시기에 충분한 비료·농약을 사용할 수가 없게 된 것이 농업생산력 향상의 또 다른 제약요인이 되고 있는 것이다.

2. 축산업의 현황과 축산물 수급

1) 주요 축종별 사육과 축산물의 생산 현황

브라질은 세계적인 축산대국인 동시에 축산물 수출국이다. 소의 사육두수는 2009년 현재 204,500천두로서 최근 5년간 사육규모의 변동은 거의 없다. 주요 품종은 열대기후에 잘 적응하는 인도의 제부(Zebu)종이다. 주요 사육지대는 마또그로수 주, 상파울로

그림(33) 브라질의 제부(zebu)종 소

주, 고이아스 주, 미나스제라이스 주, 파라 주 등이다. 브라질의 소 사육두수는 세계 전체의 14.8%에 해당한다.

돼지 사육두수는 2009년 현재 37,000천두로 최근 5년간(2004 ~2009) 연평균 2.3%씩 증가하고 있다. 주로 육가공업체가 주도하는 계열화(Vertical Integrated)사업에 참여하는 형태로 농가들은 돼지를 사육하고 있다.

주요 돼지 사육지역은 산타카타리나 주, 리오그란데두술 주, 파라나 주, 미나스제라이스 주 등지이며 최근에는 중서부 세하도(Central-west Cerrado)지역에서 돼지사육이 크게 늘고 있다. 브라질의 돼지사육 규모는 세계 전체의 3.9%에 해당한다.

표(28) 브라질의 가축사육규모 추이(2004~2009)

단위 : 천두

	2004	2005	2006	2007	2008	2009	연평균 증가율
Cattle	204,513 (15.2)	207,157 (15.4)	205,886 (15.1)	199,752 (14.7)	202,287 (14.7)	204,500 (14.8)	0.00
Chickens	944,298 (5.7)	999,041 (5.9)	1,011,516 (5.8)	1,127,668 (6.3)	1,202,017 (6.6)	1,205,000 (6.5)	5.00
Pigs	33,085 (3.7)	34,064 (3.8)	35,174 (3.8)	35,945 (3.9)	36,819 (3.9)	37,000 (3.9)	2.26

( )은 전세계 사육규모에 대한 비중
자료 : FAO STAT, Oct.2010.

닭은 최근 5년간 연평균 5%씩 사육규모가 빠르게 증가하고 있으며 2009년 현재 1,205백만수로서 세계 전체의 6.5%에 해당한다.

주요 양계지역은 파라나 주, 산타카리나 주와 리오그란데 두술, 상파울로 주 등지이며 최근 들어 중서부 세하도지역으로 양계지역이 확대되고 있다.

2010년 전반기(1월~6월)까지의 소의 도축수는 브라질 전체적으로 7,587천두로 소고기 생산량은 118,428톤이었다.

마또그로수 주가 총 도축수의 14%와 총 소고기의 15%를 생산하는 최대 생산지역이었고, 그 다음이 상파울로 주, 마또그로수두술 주 등의 순이었다.

돼지의 2010년 전반기 도축수는 8,067천두였고 생산량은 767,396톤이었다. 산타카타리나 주가 총 도축수의 26.8%와 총 돼지고기의 29.2%를 생산하는 최대 생산지역이었고 그 다음이

표(29) 2010년 전반기(1~6월) 각 주별 가축 도축수와 생산량

단위 : 천두, 톤

브라질 주별	소		돼지		닭	
	도축수	생산량	도축수	생산량	도축수	생산량
전체	7,587	1,825,387	8,067	767,396	1,235,927	2,670,275
Rondonia	497	118,428	0	0	0	0
Acre	114	25,640	2	52	0	0
Amazonas	39	8,696	0	0	0	0
Roraima	0	0	0	0	0	0
Para	526	127,711	3	127	8,746	21,643
Amapa	0	0	0	0	0	0
Tocantins	250	58,311	0	0	0	0
Maranhao	145	33,145	4	294	0	0
Piaui	36	6,494	11	368	958	2,208
Ceara	80	15,641	30	1,687	1,587	3,778
Rio Grande Do Norte	26	5,216	3	219	0	0
Paraiba	18	3,844	2	54	3,114	7,701
Pernambuco	94	21,705	24	1,274	12,475	28,159
Alagoas	36	8,094	13	728	105	278
Sergipe	24	6,195	2	159	394	940
Bahia	294	67,147	19	1,331	14,782	33,114
Minas Gerais	642	152,907	947	82,807	90,519	186,104
Espirito Santo	97	22,655	47	3,492	6,981	15,647
Rio De Janeiro	60	12,392	1	126	8,809	16,753
Sao Paulo	932	233,215	459	37,307	169,985	380,029
Parana	372	87,204	1,335	131,253	325,995	685,699
Santa Catarina	147	34,388	2,158	223,797	223,271	520,195
Rio Grande Do Sul	446	98,266	1,779	163,170	187,884	365,177
Mato Grosso Do Sul	897	221,518	222	19,212	36,522	88,354
Mato Grosso	1,075	272,918	482	40,303	47,278	108,684
Goias	707	176,284	476	56,020	74,584	158,565
Distrito Federal	7	1,958	47	3,265	0	0

자료 : IBGE/DPE/COAGRO/GEPEC/IPEC—Quarterly Research of the slaughter of animals

리오그란데두술 주, 파라나 주, 미나스제라이스 주 등의 순이었다.

닭의 2010년 전반기 도계수는 1,235,927천수였고 생산량은 2,670,275톤이었다. 파라나 주가 총 도계수의 26.4%와 계육생산량의 25.7%를 차지하는 최대생산지역이었고 그 다음이 산타카타리나 주, 상파울로 주, 미나스제라이스 주 등의 순이었다.

표(30) 브라질의 축산물 생산량 추이(2004~2009)

단위 : 천톤,%

item	2004	2005	2006	2007	2008	2009	연평균 증가율
Cattle meat	7,774	8,592	9,020	9,303	9,024	M	3.8
Chicken meat	8,668	7,866	8,164	8,988	10,216	9,940	4.2
Pig meat	3,110	2,800	2,830	2,990	3,015	2,924	−0.8
Cow milk, whole, fresh	24,202	25,384	26,186	26,137	27,579	M	3.3
Hen eggs, in shell	1,616	1,675	1,760	1,779	1,845	M	3.4

M=Data not available
자료 : FAO STAT, Oct.2010.

주요 축산물 생산량은 돼지고기를 제외하고는 최근 4년간 (2004~2008) 전반적으로 증가하고 있는 추세이다.

최근 4년간 소고기는 연평균 3.8%씩, 닭고기는 연평균 4.2%씩 생산량이 증가하고 있다. 그러나 돼지고기는 생산량이 정체 내지 감소하고 있는 추세이다. 우유 생산량은 연평균 3.3%씩 그리고 계란 생산량은 연평균 3.4%씩 증가하고 있다.

표(31) 주요 축산물의 생산국별 생산량(2010)

단위 : 1,000톤

순위	소고기		돼지고기		닭고기	
	생산국	생산량	생산국	생산량	생산국	생산량
1	United States	11,828	China	50,000	United States	16,348
2	Brazil	9,145	EU-27	22,250	China	12,550
3	EU-27	7,870	United States	10,052	Brazil	11,420
4	China	5,550	Brazil	3,170	EU-27	8,920
5	India	2,850	Russia	2,270	Mexico	2,809
6	Argentina	2,600	Vietnam	1,870	India	2,650
7	Australia	2,080	Canada	1,750	Russia	2,000
8	Mexico	1,731	Japan	1,280	Argentina	1,650
9	Pakistan	1,486	Philippines	1,255	Iran	1,600
10	Russia	1,300	Mexico	1,161	South Africa	1,290
−	Other	10,323	Other	6,449	Other	13,169

자료 : Foreign Agricultural Service, Official USDA Estimates

주요 축산물의 생산량을 기준으로 브라질이 세계 주요 생산국 사이에서 차지하는 순위는 2010년 현재(미농무성 추정자료 기준) 소고기는 미국 다음으로 세계 2위 생산국이고 돼지고기는 중국, EU-27개국, 미국에 이은 세계 4위 생산국이며 닭고기는 미국, 중국에 이은 세계 3위 생산국 지위를 유지하고 있다.

2) 주요 축산물의 내수(內需)와 수출

브라질 국민의 1인당 연간 소고기 소비량은 2009년 현재 37.1

kg으로 미국과 비슷하지만 한국인의 4.5배 수준으로 많으며 최근 10년간 연평균 0.75%씩 증가하고 있다. 그러나 돼지고기 소비량은 12.2kg으로 미국(29.3kg), 한국(19.1kg)보다 훨씬 낮지만 최근 10년간 연평균 2%씩 증가하고 있다.

닭고기 소비량은 2009년 현재 39.3kg로 미국(42.1kg)보다는 약간 적지만 한국(9.6kg)보다는 훨씬 높으며 최근 10년간 연평균 3.16%씩 높은 비율로 소비량이 증가하고 있다.

브라질의 인구증가와 1인당 소비량 증가추세에 따라서 브라질에서 생산되는 육류의 내수용 소비도 지속적으로 증가하고 있다.

표(32) 한국, 브라질, 미국의 육류 연간 1인당 소비량 추이

단위 : kg/yr

항목	국가	2000	2005	2009	2010	2011	연평균 증가율
소고기	브라질	34.62	35.95	37.10	37.30	37.60	0.75
	한국	8.5	6.6	8.1	8.5	8.9	0.42
	미국	44.31	42.80	39.80	38.50	37.40	−1.53
돼지고기	브라질	10.36	10.31	12.19	12.70	12.88	2.00
	한국	16.5	17.8	19.1	19.4	19.7	1.62
	미국	29.96	29.30	29.30	27.20	27.10	−0.91
닭고기	브라질	28.98	34.99	39.26	40.13	40.80	3.16
	한국	6.0	6.6	9.6	10.1	10.7	5.40
	미국	40.66	45.44	42.10	43.30	43.60	0.64

주 : 2010, 2011은 추정치임, 한국자료는 농림수산식품부 주요통계자료임
자료 : Foreign Agricultural Service, Official USDA Estimates

표(33) 브라질 주요 축산물의 수급현황과 전망

단위 : 1,000톤, %

품목	구분	2007	2008	2009	2010	2011	연평균 증가율
소고기	생산	9,303 (100.0)	9,024 (100.0)	8,935 (100.0)	9,145 (100.0)	9,410 (100.0)	0.29
	수출	2,189 (23.5)	1,801 (19.9)	1,596 (17.9)	1,675 (18.3)	1,810 (18.3)	−4.64
	내수	7,144 (76.5)	7,252 (80.1)	7,374 (82.1)	7,510 (81.7)	7,645 (81.7)	1.71
돼지고기	생산	2,990 (100.0)	3,015 (100.0)	3,130 (100.0)	3,170 (100.0)	3,260 (100.0)	2.18
	수출	730 (24.4)	625 (20.7)	707 (22.6)	625 (19.7)	640 (19.6)	−3.24
	내수	2,260 (75.6)	2,390	2,423 (77.4)	2,545 (80.3)	2,620 (80.4)	3.76
닭고기	생산	10,305 (100.0)	11,033 (79.3)	11,023 (100.0)	11,420 (100.0)	11,750 (100.0)	3.34
	수출	2,922 (28.4)	3,242 (100.0)	3,222 (29.2)	3,350 (29.3)	3,450 (29.4)	4.24
	내수	7,384 (71.6)	7,792 (70.6)	7,802 (70.8)	8,071 (70.7)	8,301 (70.6)	2.97

* 2010, 2011 자료는 추정치임, ( )는 비율
자료 : Foreign Agricultural Service, Official USDA Estimates

소고기는 2009년 현재 전체 생산량의 82.1%가 내수용으로 소비되고 있는데 내수소비량은 연평균 1.71%씩 증가해 갈 전망이다. 돼지고기는 2009년 현재 전체 생산량의 77.4%가 내수용으로 소비되고 있는데 내수소비량은 연평균 3.76%씩 증가해 갈 전망이다. 닭고기는 2009년 현재 전체 생산량의 70.8%를 내수용으로

소비하고 있는데 내수소비량은 연평균 2.97%씩 증가해 갈 전망이다.

소고기 수출량은 2007년도의 2,189천톤에서 2009년에는 1,596천톤으로 감소했으나 이후 증가하기 시작하여 2011년에는 생산량의 19.2%에 해당하는 1,810천톤이 될 전망이다. 돼지고기 수출량은 2007년도 730천톤에서 2011년에는 생산량의 19.6%에 해당하는 640천톤으로 감소할 전망이다.

표(34) 축산물(육류) 수출국의 수출량(2010)

단위 : 1,000톤

순위	소고기		돼지고기		닭고기	
	생산국	수출량	생산국	수출량	생산국	수출량
1	Brazil	1,675	United States	2,027	Brazil	3,350
2	Australia	1,325	EU-27	1,700	United States	2,935
3	United States	1,036	Canada	1,165	EU-27	840
4	India	700	Brazil	625	Thailand	410
5	Canada	525	China	250	China	380
6	New Zealand	510	Chile	130	Argentina	250
7	Uruguay	380	Mexico	80	Canada	150
8	Argentina	300	Australia	39	Kuwait	70
9	Paraguay	290	Vietnam	13	Chile	70
10	EU-27	160	Norway	6	South Africa	30
-	Other	352	Other	17	Other	181

자료 : Foreign Agricultural Service, Official USDA Estimates

닭고기 수출량은 2007년의 2,922천톤에서 2011년에는 생산량의 29.4%에 해당하는 3,450천톤으로 수출량이 늘어날 전망이다.

브라질 소고기의 주요 수입국은 러시아, 유럽연합, 베네수엘라, 이란, 이집트 등이고 브라질 돼지고기의 주요 수입국은 러시아, 홍콩, 우크라이나, 싱가포르, 아르헨티나 등이며 브라질 닭고기의 주요 수입국은 일본, 홍콩, 사우디아라비아, 유럽연합 등이다.

세계의 축산물(육류) 수출국가들 중에서 브라질은 2010년 현재 제1위의 소고기 수출국이다. 브라질의 소고기 수출량은 1,675천톤으로 호주(1,325천톤), 미국(1,036천톤), 인도(700천톤), 캐나다(525천톤) 등지보다 훨씬 많다. 돼지고기 수출량은 625천톤으로서 미국(2,027천톤), EU-27(1,700천톤), 캐나다(1,165천톤)에 이은 제4위 수출국이다. 닭고기 수출량은 3,350천톤으로 제1위 수출국의 지위를 유지하고 있으며, 그 다음이 미국(2,935천톤), EU-27(840천톤), 태국(410천톤), 중국(380천톤), 아르헨티나(250천톤)의 순이다.

3) 사료 생산

브라질의 소는 주로 방목방식에 의해서 사육되고 있다. 95%의 소 사육은 초사료(草飼料) 의존적이고 나머지 5%만이 배합사료를 이용한다. 그러므로 브라질에서 생산되는 배합사료는 주로 양계와 양돈사료이며 전체 사료 생산량 중에서 82%에 해당한다.

2008년의 사료 생산량 중에서 55.7%는 가금용이고 26.0%는 양돈용이며 축우용은 12.4%이다. 가금용 사료중에서는 육계용 사료가 86%이고 산란계용 사료는 14%이다. 축우용 사료 중에서는 낙농용 사료가 19%이고 비육우용 사료가 31%이다.

표(35) 세계 사료생산량 상위 10위 업체(2007)

단위 : 백만톤

순위	회사명	국가	생산량
1	Charoen Pokphand(CP Group)	태국	21.5
2	Cagill/Agribrands	미국	17.1
3	Land O' Lakes Purina	미국	12.0
4	New Hope Group	중국	11.0
5	Tyson Food	미국	10.1
6	Nutreco	네덜란드	8.9
7	Zen-noh Cooperative	일본	7.4
8	East Hope Group	중국	5.5
9	Sadia	브라질	5.4
10	Perdigao	브라질	4.8

자료 : 한국농어촌공사, 브라질농업투자환경조사보고서, 2009.12.

브라질에서는 대형계열화 축산업체에 의한 사료의 자가배합에 의존한 생산이 약 75%를 차지하고 있다. 이에 따라서 브라질의 최대 사료생산업체도 브라질의 제1,2위의 계육 및 돈육생산업체인 Sadia와 Perdiago이며, 이들 업체는 세계 10대 사료업체의 제9위와 제10위의 지위를 갖고 있다.

표(36) 브라질의 축종별 사료생산 현황(2007~2008)

단위 : 1,000톤, %

구분	2007	2008(추정치)	
	생산량	생산량	비중
가금용	29,704	32,873	55.7
육계	25,568	28,217	47.8
산란	4,136	4,656	7.9
양돈용	14,196	15,310	25.9
축우용	6,458	7,320	12.4
낙농	4,419	5,056	8.6
비육우	2,039	2,264	3.8
애완용	1,849	2,035	3.4
말	441	499	0.8
양어/새우	225	245	0.4
기타	682	720	1.2
합계	53,555	59,002	100.0

자료 : 한국농어촌공사, 브라질농업투자환경조사보고서, 2009.12.

3. 브라질 농림축산물의 성장 전망

1) 전반적인 생산 전망

브라질의 농업생산의 성장잠재력은 대단히 크다. 주요 농축산물에 대한 내수시장 규모는 계속 성장하고 있을 뿐만 아니라 농축산물의 국제시장 수요도 빠르게 증가하고 있기 때문이다.

특히 국제시장 수요가 앞으로도 빠르게 증가하게 될 것으로 예상되는 이유는 다음과 같이 요약할 수 있다.

① 인구거대국들의 농지의 열악화(표토 상실 등 토양침식, 사막화, 지력 저하)로 인한 농업생산력 향상의 한계

② 한계가 드러난 옥수수, 콩, 밀 등 주요곡물의 세계 전체적인 적정자급률 수준의 회복과 유지 능력

③ 전세계적으로 진행되고 있는 도시화 과정에서 자연자원의 훼손과 양적 및 질적인 저하

④ 빈발하고 있는 주요 농산물 생산국의 기상이변에 의한 농작물의 생산량의 감소

예상되는 지구촌의 식량위기에 대처할 수 있는 잠재능력을 개발하기 위한 효과적인 수단으로서 브라질이 보유하고 있는 거대한 양질의 농업자원의 활용에 대한 관심이 커지고 있는 것이다.

이러한 관심은 당연히 향후 10년 이후의 브라질의 농업성장 전망에 대한 국제적인 관심으로 귀결된다.

브라질 농림부(MAPA-Ministry of Agriculture, Livestock and Food Supply)는 2009년 「Project of Agriculture-Brazil 2008/09 to 2018/19」 연구용역결과를 발표하였다.

이 연구는 브라질정부(MAPA-Ministry of Agriculture, Livestock and Food Supply)의 전략적 계획수립에 기여하기 위한 목적으로 브라질과 다수의 국제연구기관25)의 연구참여와 자문에 의해서 진행된 국책연구사업이었다.

이 책에서는 이 연구의 주요 연구결과를 발췌·정리함으로써 향후의 브라질 농업의 성장을 전망한다.

향후 브라질 농림축산물 생산에서 가장 역동적으로 성장할 작목은 콩, 닭고기, 설탕, 에탄올, 면화, 대두유와 셀룰로오스로 전망되었다.

이들 농림축산물은 생산의 증가 잠재력뿐만 아니라 수출성장 잠재력도 대단히 높을 것으로 전망되었다.

2008/09년도 생산량에 비해서 2019/20년도 생산량은 콩은 43.55%, 닭고기는 49.44%, 설탕은 48.24%, 에탄올은 127.33%, 면화는 68.19%, 대두유는 39.08%, 셀룰로오스는 42.56% 등으로 증가하게 될 것으로 전망되었다.

나머지 작물도 전반적으로 10~30% 생산량 증가가 실현될 것으로 전망되었다.

향후 10년간의 브라질 농업생산량의 증가는 주로 생산성의 향상에 기초하고 있다. 연구결과에 의하면 향후 10년간(2010~2020) 농작물생산의 생산성은 연평균 2.67%씩 향상됨으로써 경작면적의 연평균 증가율 0.45%보다 훨씬 빠른 속도로 증가할

---

25) 이 연구에 참여한 연구기관은 FAO(Food and Agriculture Organization), FAPRI(Food and Agriculture Policy Research Institute), IFPRI(International Food Policy Research Institute) 등 6개소의 국제적인 연구기관과 CNA (Brazilian Cenfederation of Agriculture and Livestock), FGA(Getulio Vargas Foundation), IBGE(Brasilian Institute of Geography and Statistics), IPEA(Applied Economic Research Institute)등 10개의 국내 연구기관 등 16 개의 국내외 연구기관이 참여하였다.

표(37) 브라질 주요 농림축산물의 생산 전망(2008/09~2019/20)

단위 : 백만톤

품목	2008/09	2019/20	변화율(%)
Corn	50.97	70.12	37.57
Soybean	57.09	81.95	43.55
Wheat	5.67	7.07	24.7
Orange	18.54	21.06	13.55
Poultry Meat	11.13	16.63	49.44
Beef	7.83	9.92	36.76
Pork Meat	3.19	3.95	23.91
Sugar cane	696.44	893	28.22
Sugar	31.5	46.7	48.24
Ethanol(10억리터)	27.67	62.91	127.33
Cotton	1.19	2.01	68.19
Rice	12.63	14.12	11.72
Beans	3.48	4.27	22.61
Milk(10억리터)	30.34	37.75	24.45
Soybean Meal	22.48	28.17	25.27
Soybean Oil	5.69	7.92	39.08
English Potato	3.39	30.19	23.03
Cassava	26.42	4.17	14.26
Tobacco	0.83	1.08	29.78
Paper	9.41	12.24	30.04
Cellulose	12.7	18.1	42.56

자료 : Projection of Agribusiness Brazil 2009/10 to 2019/20, MAPA/AGE, 2010.2

것으로 예측되었다.

농작물의 경작면적은 2010년의 60백만ha에서 2020년에는 69.7백만ha로 970만ha가 증가할 것으로 전망되었다. 증가될 경작면적은 대두생산 면적(470만ha)과 사탕수수 면적(430만ha)에 집중될 것이며 옥수수는 1백만ha 내외가 증가할 것이고 다른 작물 재배면적은 2010년 수준에서 큰 변화가 없을 것으로 전망되었다.

브라질은 현재 증가하고 있는 해외수출 수요에 직면해 있기는 하지만 장래의 농업성장은 내수시장 수요의 증가가 더 강하게 이끌 것으로 전망되고 있다.

예컨대 향후 10년간의 대두와 옥수수 생산량의 각각 52%와 80%는 내수시장 수요에 충당될 것으로 예측되고 있다.

육류에 있어서도 가금육(닭고기)생산량의 65.3%와 소고기 생산량의 77%및 돼지고기 생산량의 80%는 내수시장 수요에 충당될 것으로 예측된다.

이에 따라 브라질은 농축산물의 세계적인 수출국임에도 불구하고 앞으로 증가될 생산물의 주력시장은 국내소비시장이 될 것으로 전망하고 있다.

향후 브라질의 농업생산의 증가는 국제시장에서 브라질이 차지하고 있는 위상을 유의하게 변화시킬 것으로 예상된다.

예컨대, 2019/20년의 브라질의 소고기는 세계교역의 30.3%를 차지하게 될 것이고, 돼지고기는 14.2%, 닭고기는 무려 48.1%의 비중을 차지하게 될 것이다.

표(38) 브라질 주요 농림축산물의 수출 전망(2008/09~2019/20)

단위 : 천톤

품목	2008/09	2019/20	변화율(%)
Corn	7,000	12,620	180.3
Soybean	27,600	37,870	137.2
Orange juice	2,030	2,650	130.1
Poultry Meat	3,550	6,090	171.5
Beef	1,690	3,090	182.8
Pork Meat	610	830	137.3
Sugar	21,140	32,200	152.3
Ethanol(10억리터)	4,680	15,120	322.9
Cotton	440	830	191.6
Soybean Meal	12,300	13,640	110.9
Soybean Oil	1,500	2,290	152.8
Milk(백만리터)	1,050	1,940	184.3
Paper	7,040	11,080	157.39
Cellulose	1,980	2,820	142.42

자료 : Projection of Agribusiness Brazil 2009/10 to 2019/20, MAPA/AGE, 2010.2

브라질의 농림축산물의 현재(2008/09)수준의 수출량이 장래 (2019/20)에 어떻게 변화될지를 예측한 결과는 표(38)과 같다.

수출량이 현재 수준보다 가장 큰 폭으로 증가될 품목은 에탄올로서 323%가 증가될 전망이며, 그 다음이 면화(191.6%), 우유 (184.3%), 소고기(182.8%), 옥수수(180.3%), 닭고기(171.5%) 등의 순이었다.

2) 주요 품목별 생산과 수출 전망

(1) 면화

향후 10년간(2010~2020) 면화 생산량은 연평균 4.68%씩 증가할 전망이고 소비와 수출은 각각 연평균 1.56%와 5.82%씩 증가할 전망이다.

그림(34) 면화의 생산 · 소비 · 수출 전망

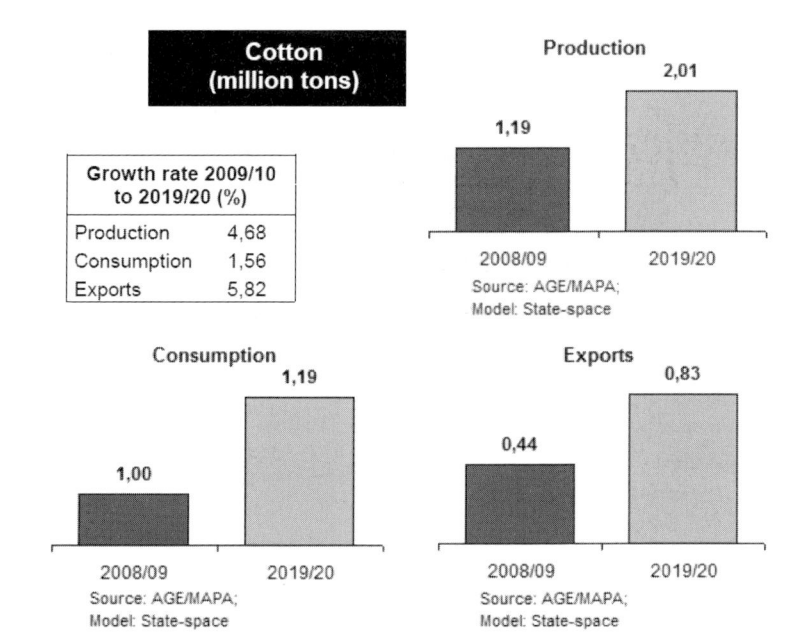

자료 : Projection of Agribusiness Brazil 2009/10 to 2019/20, MAPA/AGE, 2010.2

이에 따라 면화 생산량은 현재의 1.19백만톤에서 2.10백만톤으로 소비량은 1백만톤에서 1.19백만톤으로, 그리고 수출량은 44만톤에서 83만톤으로 증가할 전망이다.

(2) 쌀(Rice)

향후 10년간 쌀 생산량은 연평균 1.15%, 그리고 소비는 연평균 0.86%씩 증가할 전망이다. 이에 따라서 쌀 자급률이 향상되어 수입량은 연평균 1.12%씩 감소할 전망이다. 쌀 생산량은 현재의 12.63백만톤에서 14.12백만톤으로, 그리고 소비량은 12.95백만톤에서 14.37백만톤으로 증가할 전망이다. 이에 따라서 쌀 수입량은 현재의 80만톤에서 2010년에는 65만톤으로 줄어들 전망이다.

그림(35) 쌀의 생산 · 소비량 및 수입량

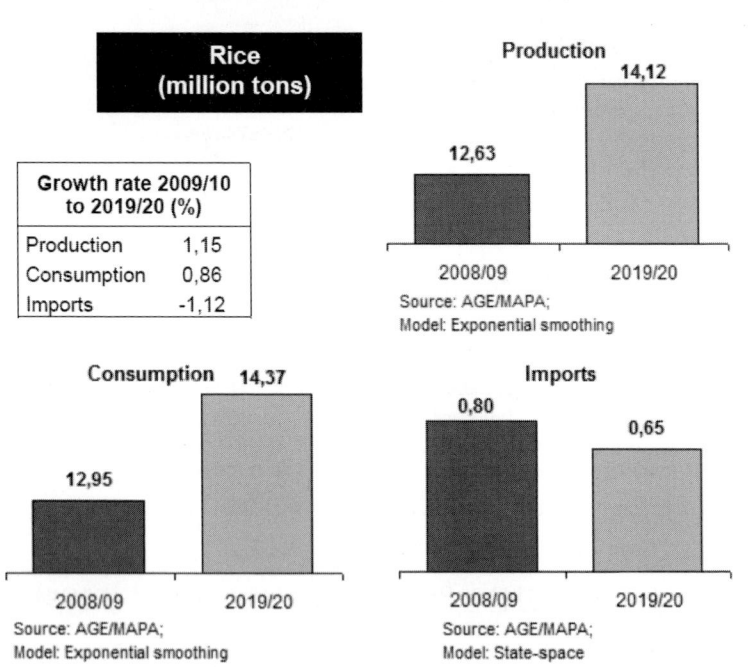

자료 : Projection of Agribusiness Brazil 2009/10 to 2019/20, MAPA/AGE, 2010.2

(3) 옥수수(Corn)

향후 10년간 옥수수 생산량은 연평균 2.67%씩, 그리고 소비량은 1.97%씩 증가할 전망이다. 이에 따라서 수출량은 연평균 5.12%씩 증가할 전망이다. 옥수수 생산량은 현재의 50.97백만톤에서 70.12백만톤으로, 소비량은 45.7백만톤에서 56.19백만톤으로 증가할 전망이다. 수출량은 7백만톤에서 12.62백만톤으로 증가할 전망이다.

그림(36) 옥수수의 생산 · 소비량 및 수입량

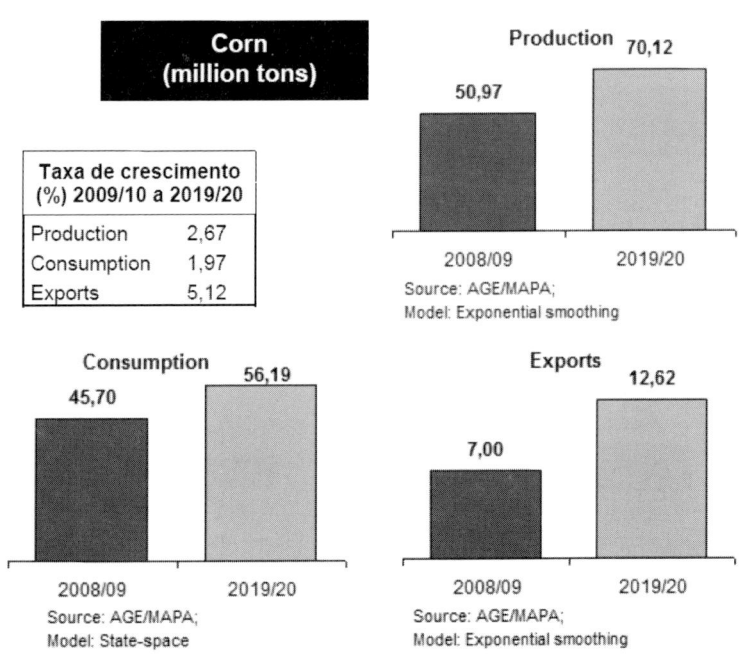

자료 : Projection of Agribusiness Brazil 2009/10 to 2019/20, MAPA/AGE, 2010.2

(4) 밀(Wheat)

향후 10년간 밀 생산량은 연평균 3.33%씩, 그리고 소비량은 1.53%씩 증가할 전망이다. 이에 따라서 밀 수입량은 연평균 0.47%씩 증가할 전망이다.

밀 생산량은 현재의 5.67백만톤에서 7.07백만톤으로, 그리고 소비량은 10.81백만톤에서 12.77백만톤으로 증가할 전망이다.

수입량도 현재의 6.16백만톤에서 6.99백만톤으로 증가할 전망이다.

그림(37) 밀의 생산 · 소비량과 수입량

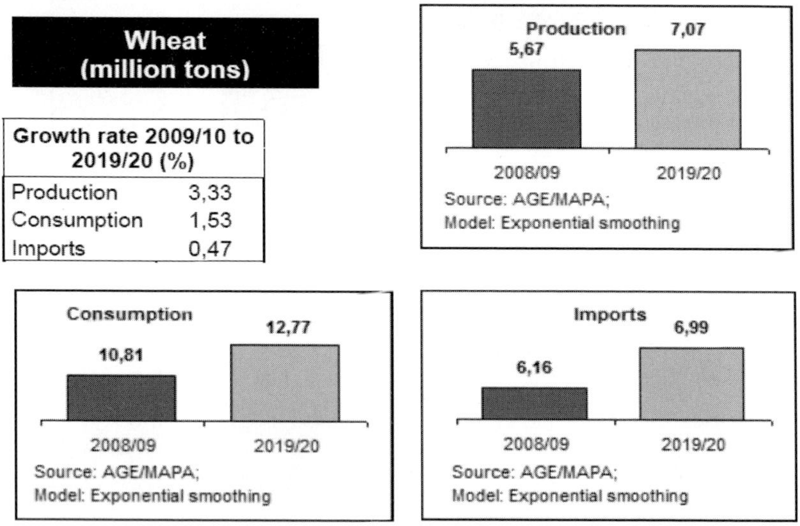

자료 : Projection of Agribusiness Brazil 2009/10 to 2019/20, MAPA/AGE, 2010.2

(5) 대두(Soybean)

향후 10년간 대두 생산량은 연평균 2.86%씩, 그리고 소비량과 수출량은 각각 2.15%와 2.87%씩 증가할 전망이다.

대두 생산량은 현재의 57.09백만톤에서 81.95백만톤으로, 그리고 소비량은 31.65백만톤에서 42.65백만톤으로 증가할 전망이다.

대두 수출량은 현재의 27.6백만톤에서 33.87백만톤으로 증가할 전망이다.

그림(38) 대두의 생산 · 소비량과 수출량

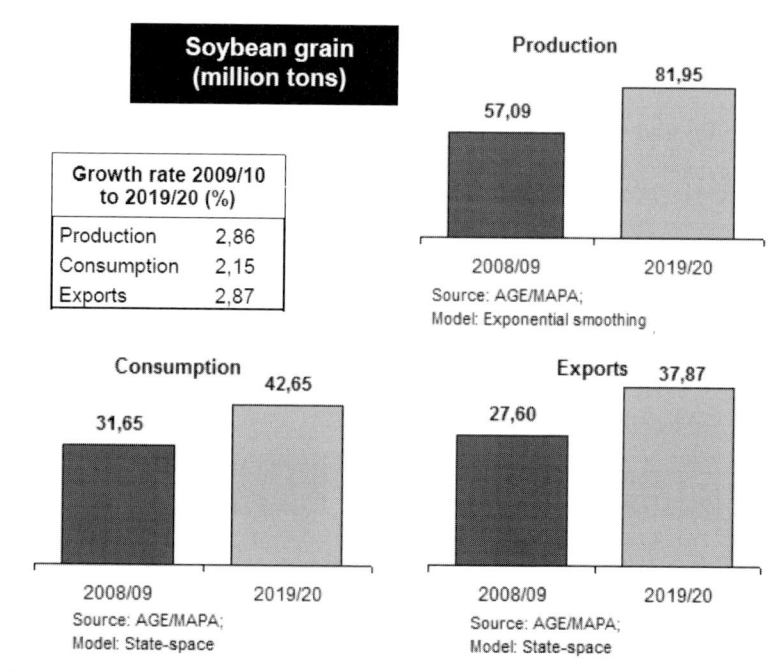

자료 : Projection of Agribusiness Brazil 2009/10 to 2019/20, MAPA/AGE, 2010.2

대두박(Soybean Meal)의 생산량은 향후 10년간 연평균 1.56%씩 그리고 소비량과 수출량은 각각 2.53%와 0.94%씩 증가해 갈 전망이다. (그림(39))

대두유(Soybean Oil)의 생산량은 향후 10년간 2.4%씩, 그리고 소비량과 수출량은 각각 3.37%와 0.73%씩 증가해 갈 전망이다. (그림(40))

그림(39) 대두박의 생산 · 소비량과 수출량

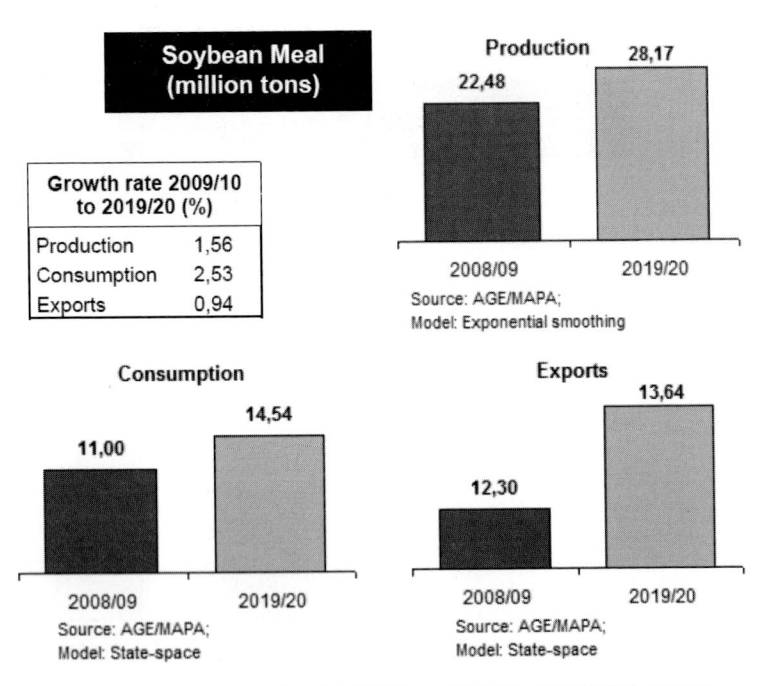

자료 : Projection of Agribusiness Brazil 2009/10 to 2019/20, MAPA/AGE, 2010.2

그림(40) 대두유의 생산 · 소비량과 수출량

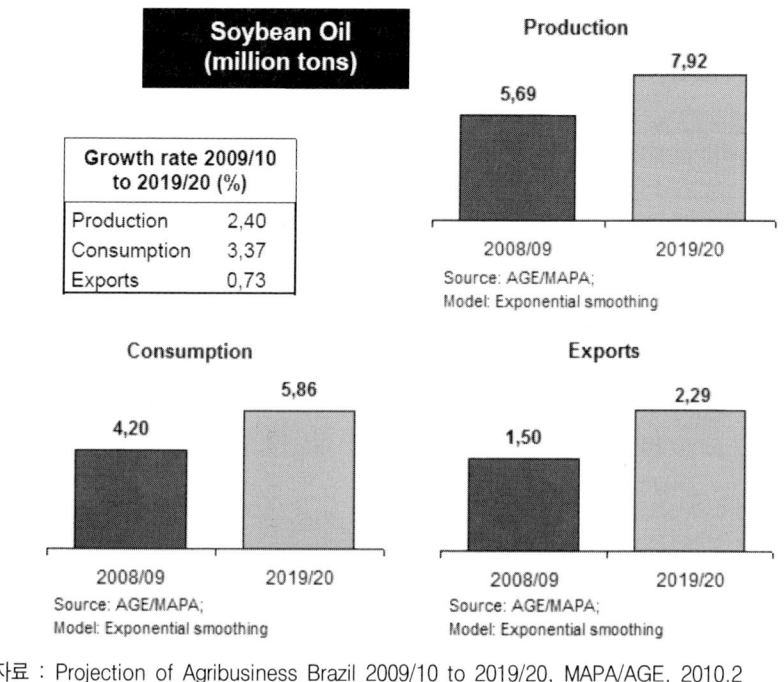

자료 : Projection of Agribusiness Brazil 2009/10 to 2019/20, MAPA/AGE, 2010.2

(6) 우유(Milk)

우유의 생산량은 연평균 1.95%씩, 그리고 소비량과 수출량은 각각 1.98%와 5.78%씩 증가할 것으로 전망되고 있다. 우유의 생산량 증가율은 브라질 인구의 증가율보다 월등하게 높기 때문에 수출량은 큰 폭으로 증가할 것이다. 현재의 우유 수출량은 10.5억ℓ에서 19.4억ℓ로 증가할 전망이다.

그림(41) 우유의 생산 · 소비량과 수출량

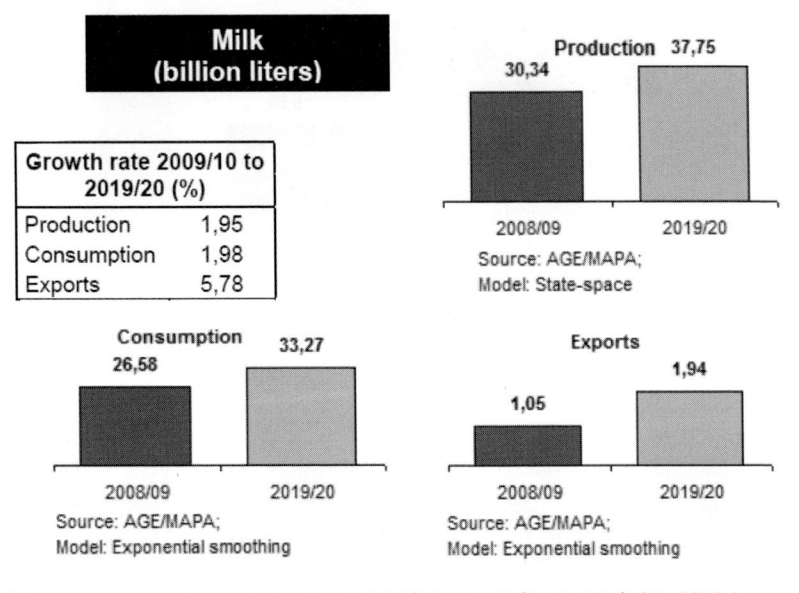

자료 : Projection of Agribusiness Brazil 2009/10 to 2019/20, MAPA/AGE, 2010.2

(7) 설탕(Sugar)

향후 10년간의 설탕 생산량은 연평균 3.53%씩 그리고 소비량은 1.9%씩 증가할 전망이다. 이에 따라서 수출량은 연평균 3.8%씩 증가할 전망이다. 설탕 생산량은 현재의 31.5백만톤에서 46.7백만톤으로 증가하게 될 것이고 수출량도 현재의 21.14백만톤에서 32.2백만톤으로 증가할 것이다.

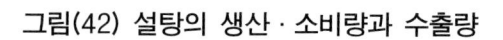

그림(42) 설탕의 생산 · 소비량과 수출량

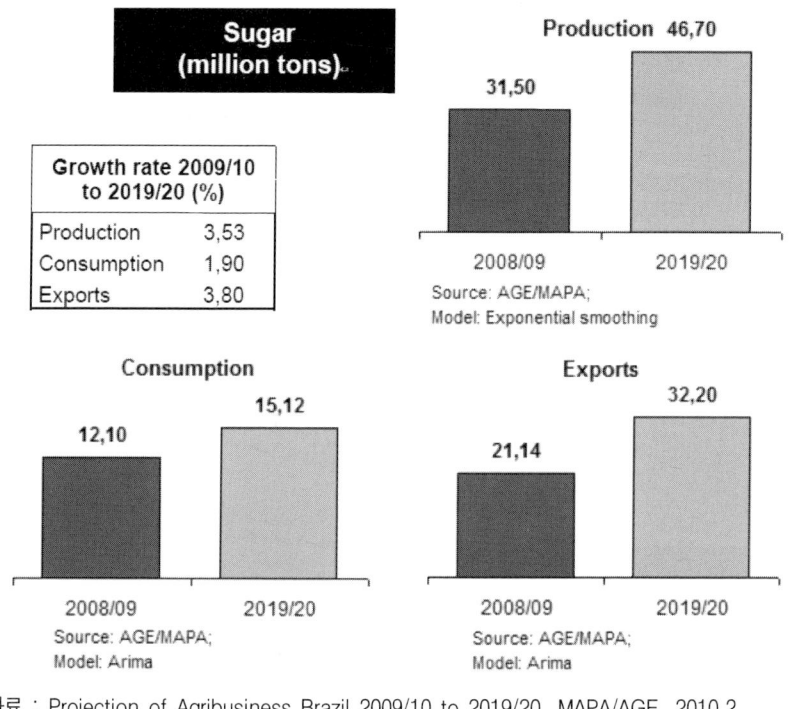

Sugar (million tons)

Growth rate 2009/10 to 2019/20 (%)	
Production	3,53
Consumption	1,90
Exports	3,80

Production 46,70
31,50

2008/09   2019/20
Source: AGE/MAPA;
Model: Exponential smoothing

Consumption
15,12
12,10

2008/09   2019/20
Source: AGE/MAPA;
Model: Arima

Exports
32,20
21,14

2008/09   2019/20
Source: AGE/MAPA;
Model: Arima

자료 : Projection of Agribusiness Brazil 2009/10 to 2019/20, MAPA/AGE, 2010.2

(8) 에탄올(Ethanol)

사탕수수를 원료로 하는 에탄올 생산은 브라질의 중서부, 북부, 북동부지역에서 주로 생산된다. 에탄올은 바이오매스(Biomass)에서 추출한 에틸알콜로 연료나 산업적 용도로 사용된다. 브라질과 미국이 에탄올의 최대생산국인데 미국은 옥수수를 원료로 하여 에탄올을 추출하는 반면에 브라질은 사탕수수에서 추출하는 것이 서로 다르다.

그림(43) 에탄올의 생산량과 소비량 및 수출량

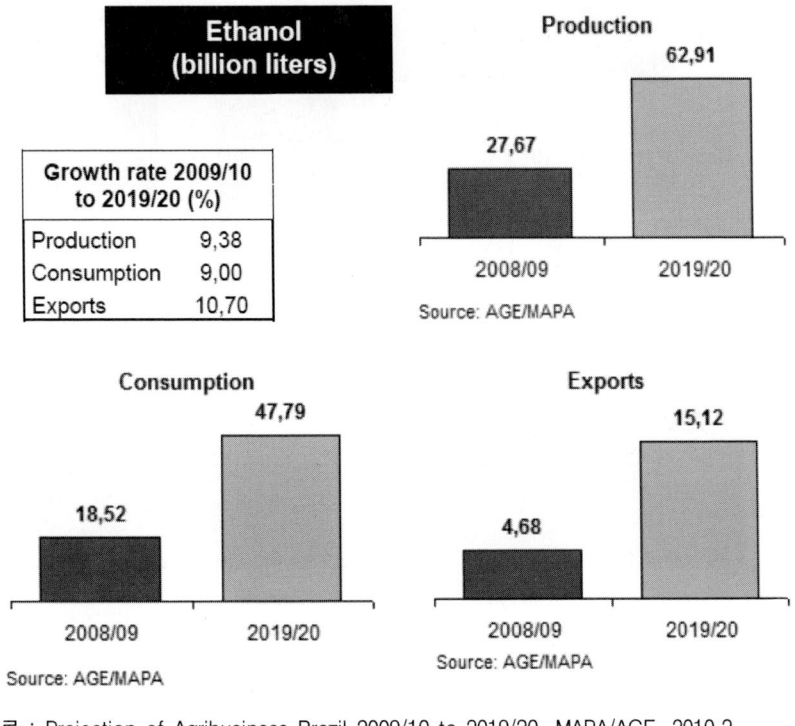

자료 : Projection of Agribusiness Brazil 2009/10 to 2019/20, MAPA/AGE, 2010.2

향후 10년간 에탄올 생산량은 연평균 9.38%씩, 그리고 소비량과 수출량은 각각 9.0%와 10.7%씩 증가함으로서 생산량은 2.27배, 소비량과 수출량은 각각 2.58배와 3.23배로 증가할 전망이다.

(9) 오렌지와 오렌지 주스(Orange and Orange Juice)

오렌지 생산량은 2009/10년에 19백만톤이었는데 향후 10년 후 21백만톤으로 연평균 0.89%씩 증가할 전망이다. 그러나 오렌지 재배면적은 현재의 842천ha가 10년 후에는 785ha로 감소할 전망이다.

오렌지 주스의 생산량은 향후 10년간 연평균 1.04%씩 증가할 전망이며 수출량은 2.08백만톤에서 2.65백만톤으로 연평균 2.43%씩 증가할 전망이다.

그림(44) 오렌지 생산과 오렌지 주스 수출

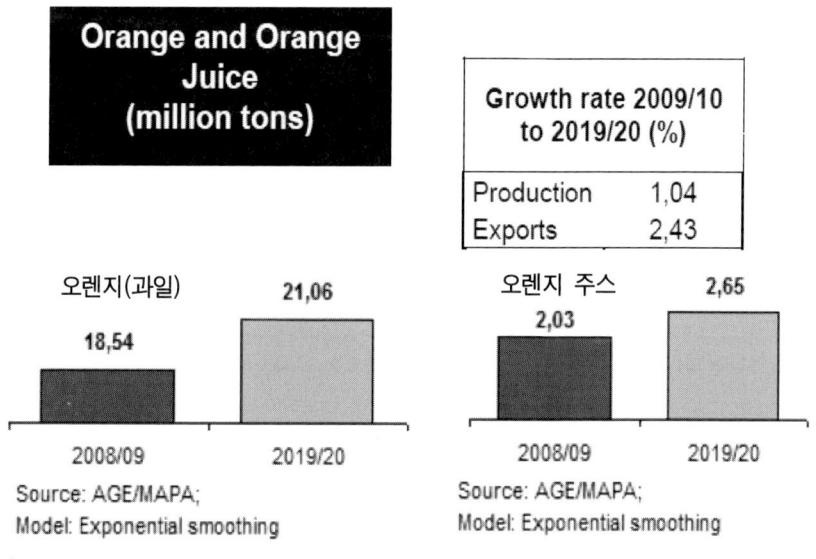

자료 : Projection of Agribusiness Brazil 2009/10 to 2019/20, MAPA/AGE, 2010.2

(10) 육류(Meat; Beef, Pork, Poultry)

향후 10년간 소고기 생산량은 연평균 2.15%씩, 돼지고기 생산량은 연평균 2%씩, 그리고 가금육 생산량은 연평균 3.64%씩 증가할 전망이다.

그림(45) 육류(소고기, 돼지고기, 닭고기) 생산량

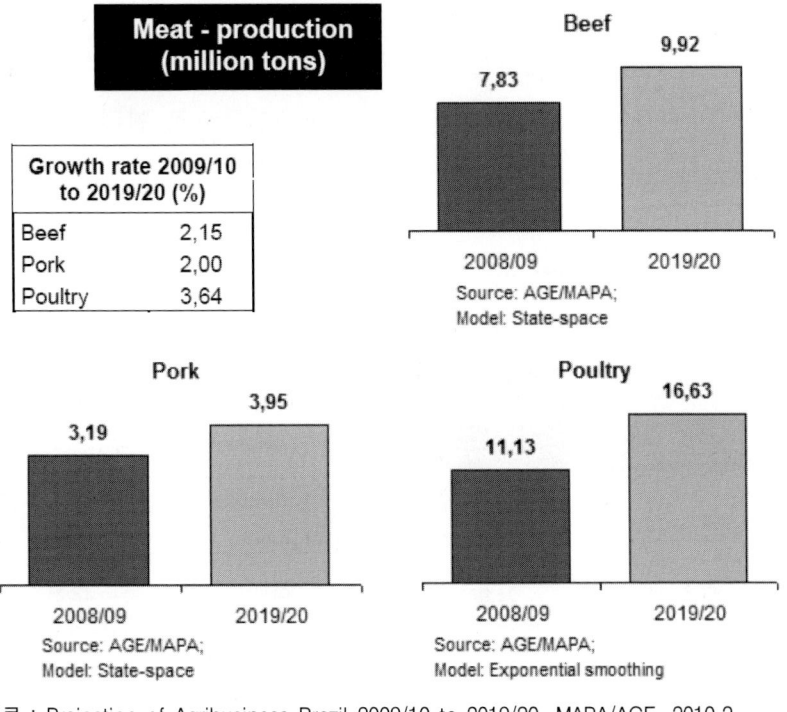

자료 : Projection of Agribusiness Brazil 2009/10 to 2019/20, MAPA/AGE, 2010.2

이에 따라서 현재 소고기 생산량 7.83백만톤은 2019/20년에 9.82백만톤으로 증가할 전망이다. 돼지고기 생산량은 3.19백만톤에서 3.95백만톤으로, 닭고기 생산량은 11.13백만톤에서 16.63백만톤으로 가장 빠른 속도로 증가할 전망이다.

육류 소비량은 향후 10년간 소고기는 연평균 1.94%씩, 돼지고기는 연평균 1.77%씩 그리고 닭고기는 3.23%씩 증가할 전망이다. 이에 따라서 소고기 소비량은 현재의 6.17백만톤에서 2019/

그림(46) 육류 소비량

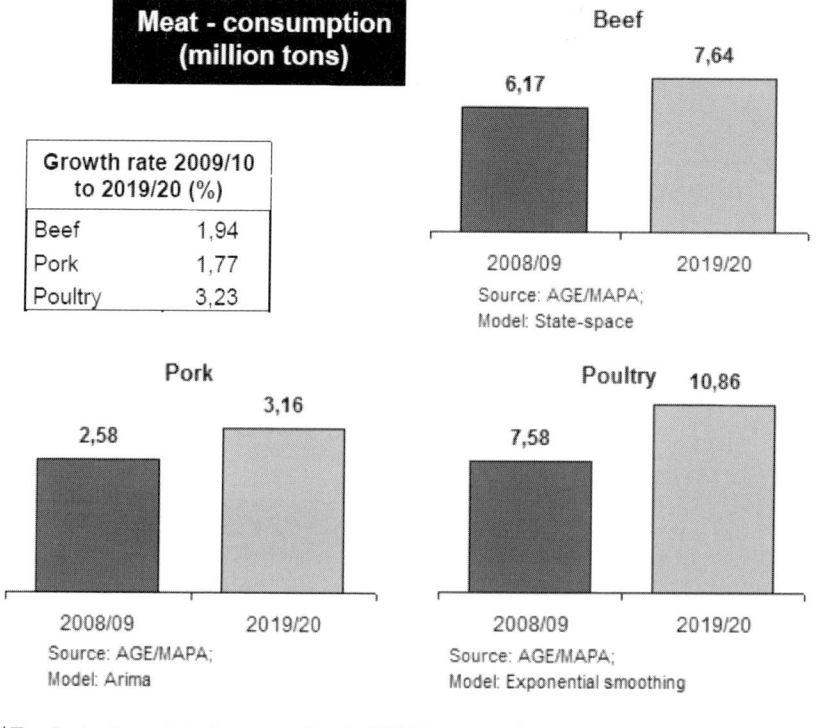

자료 : Projection of Agribusiness Brazil 2009/10 to 2019/20, MAPA/AGE, 2010.2

20년에는 7.64백만톤으로 돼지고기는 2.58백만톤에서 3.16백만톤으로 그리고 닭고기는 7.58백만톤에서 10.86백만톤으로 증가할 전망이다.

육류의 수출량은 향후 10년간 소고기는 연평균 3.9%, 돼지고기는 연평균 2.81%, 그리고 가금육은 연평균 4.16%씩 증가할 전망이다.

그림(47) 육류 수출량

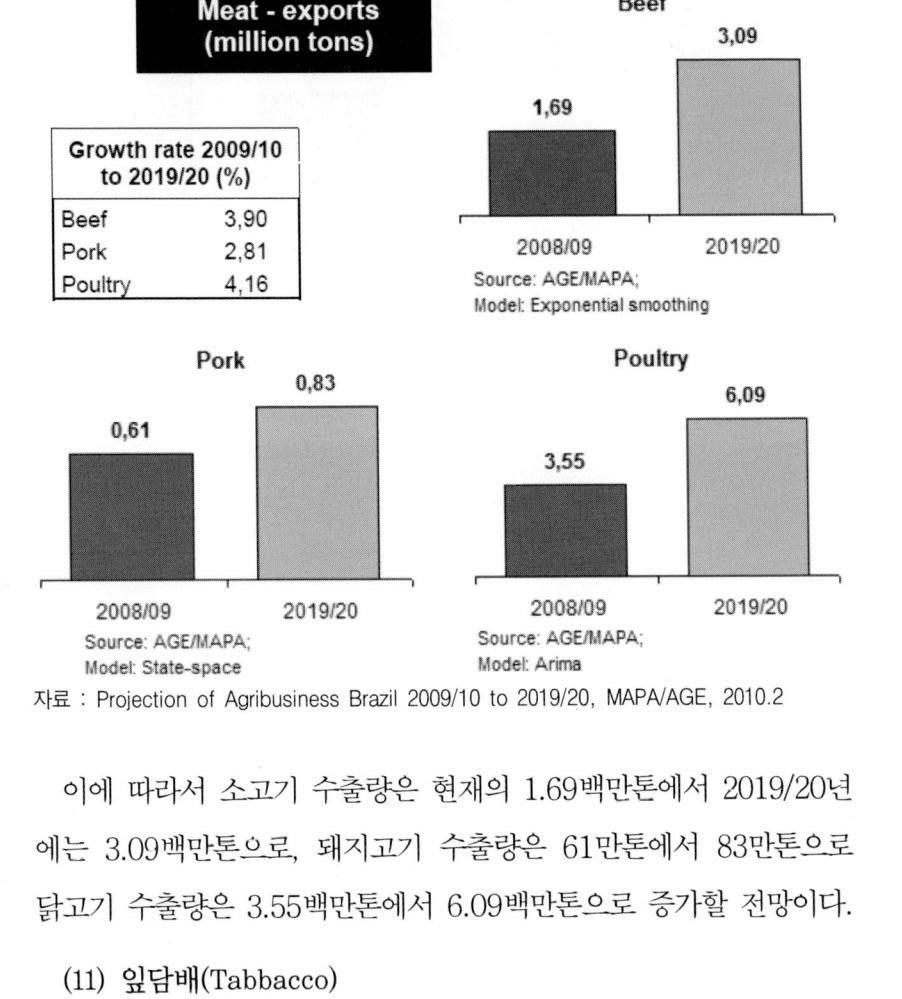

자료 : Projection of Agribusiness Brazil 2009/10 to 2019/20, MAPA/AGE, 2010.2

이에 따라서 소고기 수출량은 현재의 1.69백만톤에서 2019/20년에는 3.09백만톤으로, 돼지고기 수출량은 61만톤에서 83만톤으로 닭고기 수출량은 3.55백만톤에서 6.09백만톤으로 증가할 전망이다.

(11) 잎담배(Tabbacco)

잎담배 생산량은 향후 10년간 연평균 1.48%씩 증가할 전망이다. 따라서 현재의 생산량 830톤은 2019/20년에는 1,080톤으로 증가할 전망이다.

그림(48) 잎담배 생산량

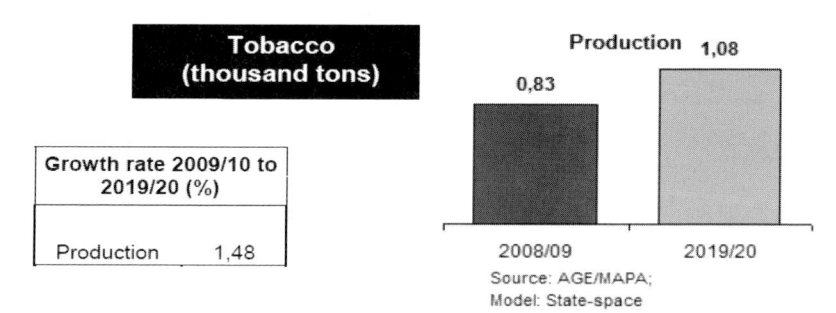

자료 : Projection of Agribusiness Brazil 2009/10 to 2019/20, MAPA/AGE, 2010.2

(12) 셀룰로오스와 종이(Cellulose and Paper)

브라질은 삼림자원이 풍부한 나라로서 셀룰로오즈와 종이 생산 대국인 동시에 수출국이다.

그림(49) 셀룰로오스의 생산 · 소비와 수출

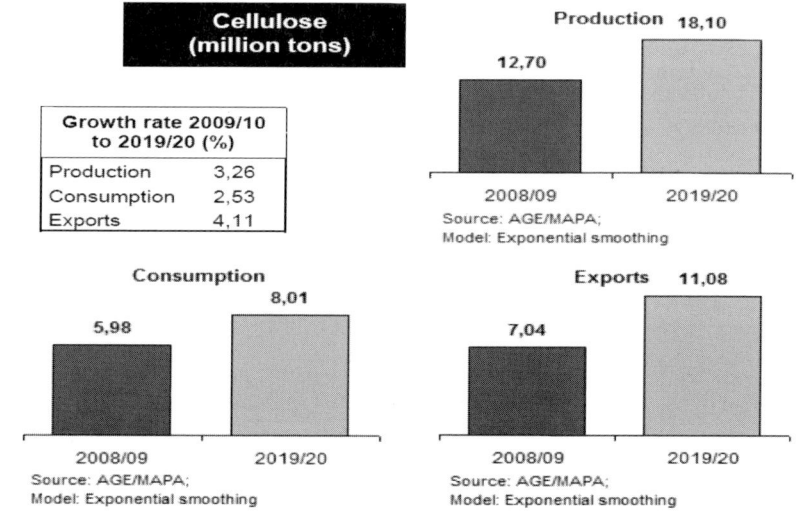

자료 : Projection of Agribusiness Brazil 2009/10 to 2019/20, MAPA/AGE, 2010.2

셀룰로오스 생산량은 연평균 3.26%씩, 소비량은 연평균 2.53%씩, 그리고 수출량은 연평균 4.11%씩 향후 10년간 증가할 전망이다.

이에 따라서 생산량은 현재의 12.7백만톤에서 18.1백만톤으로, 소비량은 5.98백만톤에서 8.01백만톤으로, 그리고 수출량은 7.04 백만톤에서 11.08백만톤으로 증가할 전망이다.

종이 생산량은 향후 10년간 연평균 2.29%씩, 소비량은 연평균 2.74%씩, 그리고 수출량은 연평균 2.74%씩 증가할 전망이다.

종이 생산량은 현재의 9.41백만톤에서 10년후에는 12.24톤으로, 그리고 수출량은 1.98백만톤에서 2.82백만톤으로 증가할 전망이다.

그림(50) 종이의 생산 · 소비와 수출량

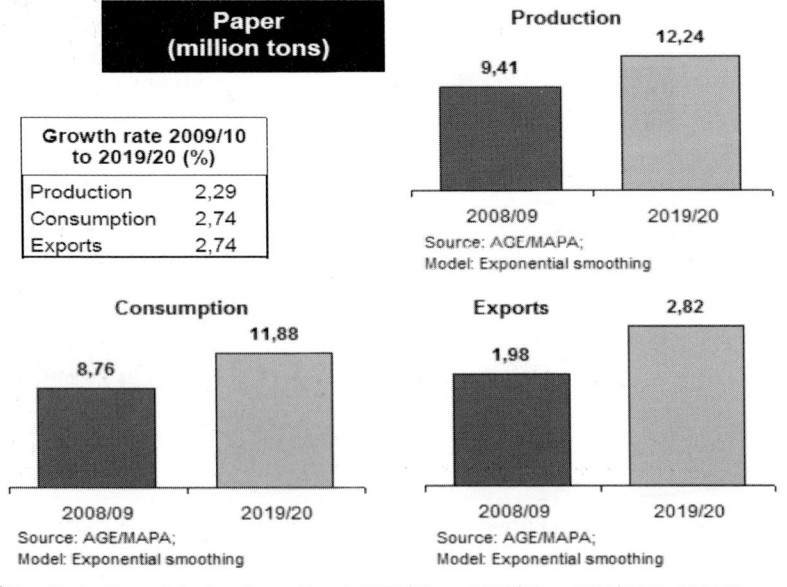

자료 : Projection of Agribusiness Brazil 2009/10 to 2019/20, MAPA/AGE, 2010.2

3) 주요 농작물 주산지의 변화

쌀의 주산지인 리오그란데두술(RS)에서는 쌀 재배면적이 현재의 1,105천ha에서 2019/20년에는 1,252천ha로 13.3% 증가할 것으로 전망되었다. 쌀 생산량은 7,905천톤에서 9,760천톤으로 23.5% 증가할 것이다.

옥수수의 주산지는 마또그로수(MT), 빠라나(PR), 미나스제라이스(MG) 등 3개주를 전망하였는데 마또그루소 주는 재배면적과 생산량이 현재보다 각각 88.4%와 94.3%씩 증가하게 될 것으로 예측됨으로서 가장 증가율이 높은 지역이었고, 미나스제라이스 주는 재배면적은 -7.6% 줄지만 생산량은 현재보다 32.9% 증가함으로써 증가율이 상대적으로 낮았다. 빠라나 주는 재배면적은 현재보다 17.1% 증가하고 생산량은 50.2% 증가함으로써 옥수수의 최대생산지역의 지위를 계속 유지할 것으로 전망되었다.

대두의 주산지로 마또그루소(MT), 리오그란데두술(RS), 빠라나(PR) 등 3개주를 전망하였는데 마또그루소는 재배면적과 생산량이 현재보다 각각 88.4%와 94.3%씩 증가하게될 것으로 예측됨으로서 가장 증가율이 높은 지역이었고, 미나스제라이스 주는 재배면적은 -7.6% 줄지만 생산량은 현재보다 32.9% 증가함으로써 증가율이 상대적으로 낮았다. 빠라나 주는 재배면적은 현재보다 17.1% 증가하고 생산량은 50.2% 증가함으로써 옥수수의 최대 생산지역의 지위를 계속 유지할 것이며, 빠라나 주는 재배면적과 생산량이 각각 25.5%와 39.1%씩 증가하게될 것이고, 리오그란데두술 주는 재배면적과 생산량이 각각 5.7%와 7.8%씩 증가할 것으로 전망되었다.

표(39) 종목별 주산지별 생산량과 재배면적

구분	생산량(천톤, %)			재배면적(천ha, %)		
	2008/09	2019/20	증가율	2008/09	2019/20	증가율
Rice						
RS	7,905	9,760	23.5	1,105	1,252	13.3
Corn						
MT	8,082	15,705	94.3	1,641	3,091	88.4
PR	11,101	16,675	50.2	2,783	3,258	17.1
MG	6,451	8,572	32.9	1,284	1,187	−7.6
Soybean						
RS	7,912	8,533	7.8	3,823	4,041	5.7
MT	17,963	27,944	55.6	5,828	8,289	42.2
PR	9,510	13,225	39.1	4,069	5,108	25.5
Wheat						
PR	3,201	3,769	17.1	1,152	1,138	−1.2
RS	2,059	2,553	24.0	980	815	−16.8
Sugar cane						
SP	400,539	601,892	50.4	4,691	6,817	45.3
PR	55,086	90,280	63.9	644	860	33.5
MT	16,853	23,906	41.9	246	341	38.6
MG	56,098	98,155	75.0	679	1,129	66.3

자료 : Projection of Agribusiness Brazil 2009/10 to 2019/20, MAPA/AGE, 2010.2

밀의 주산지는 빠라나(PR)와 리오그란데두술(RS) 등 2개주를 전망하였는데 두 지역의 재배면적은 각각 1.2%와 16.8%가 줄어들 전망이지만, 생산량은 빠라나 주가 17.7%, 리오그란데두술 주가 24%씩 늘어날 전망이다.

사탕수수는 상파울로(SP), 빠라나(PR), 마또그루소(MT), 미나스제라이스(MG) 등 4개주를 전망하였는데 상파울로 주는 재배면적이 45.3%, 생산량이 50.3% 증가할 것으로 예측됨으로 사탕수수 제1위 지역의 지위를 유지하게 될 것이며, 미나스제라이스 주는 재배면적(66.3%)과 생산량 증가(75.0%) 속도가 가장 빨랐다.

4. 농산물 유통과 무역

1) 국내 유통경로

곡물생산자들은 다음과 같은 세 가지 경로를 통하여 곡물을 판매한다.

① 중개인(수집반출상)을 통하여 가공업체나 수출업체에 판매
② 협동조합을 통하여 가공업체나 수출업체에 판매
③ 가공업체나 수출업체에 직접 판매

브라질에서는 특히 곡물메이저기업인 ADM(Archer Daniels Midland), Bunge, Cargil, Louis Dreyfus 등의 역할이 크고 중요하다.

곡물메이저들은 선도거래 방식을 통하여 농가에게 종자와 영농자금을 공급하면서 수확된 곡물을 수집한다. 브라질 곡물농가들은

규모 확대에 치중하면서 곡물메이저들의 영농자금 공급에 크게 의존하고 있다.26) 곡물메이저들은 산지에 저장시설을 운영하면서 농가로부터 직접 곡물을 매입·수집하여 국내유통, 식품업체 납품 등 내수용으로 판매하거나, 수출용 곡물은 항구로 운송하고 항구에서는 자체 터미널을 통하여 전세계로 수출한다.

다국적기업들은 업체당 평균 30~40개소의 곡물산지저장시설(Country Elevator)을 확보·운영하고 있다.

채소, 과일 등 청과물은 연방정부 및 주정부에서 운영하는 농산물중앙도매시장(CEASA)을 통하여 분산되고 있으며 거래방식은 수의매매에 의한 도매상 체제가 일반적이다.

또한 도매시장 내의 일정장소를 할애하여 생산자가 직접 판매할 수 있는 Farmer's Market을 개설하도록 하여 소비자들이 직접 구매할 수 있는 제도도 운영되고 있다.

가공식품은 제조업체가 대형유통업체에 납품하고 대형유통업체는 소매점포 별로 배분하는 유통경로가 일반적이다. 브라질은 우리나라와 비슷하게 제조업체에 비해서 유통업체들의 영향력이 크다. 그러므로 유력한 유통업체와의 제휴·내지 거래가 사업성공의 관건이 되는 경우가 많다. 수입식품은 재래시장보다는 백화점, 대형마트 등에서 팔리고 있는데, 대부분 전문수입상을 통해서 수입·공급된다.

---

26) 최근에는 펀드자금이 유입되어 생산자에게 영농자금을 공급하고 곡물을 수집해 가는 경우도 늘고 있다.

2) 농산물 유통조직과 실태

(1) 도매시장

농산물도매시장은 우리나라와 유사하게 대부분 주정부가 운영 주체이며, 이 중 일부만 연방정부에서 관리한다. 브라질에서는 2009년 현재 26개의 중앙도매시장이 운영되고 있으며 채소류, 과일류, 화훼류, 가공식품 등이 주거래품목이다. 중앙도매시장의 거래방식은 전체 물량의 60% 정도가 도매상제도에 의한 위탁판매이며 나머지 40%는 농장에서 가격을 정하여 출하하고 있으며 경매제도는 운영되지 않는다. 위탁판매의 수수료는 18%이고 포장비, 수송비, 세금 등은 별도이다. 그러나 농장에서 가격을 정하여 출하하는 직거래의 경우에는 수수료가 없다.

브라질 최대의 상파울로 중앙도매시장(CEAGESP)

브라질 최대의 도시인 상파울로에는 12개의 도매시장이 있으며, 이 중에서 중앙도매시장(CEAGESP)의 규모가 가장 크다. 브라질 농업부 소속으로 시설규모는 70ha이고 1,700개 업체가 입주하여 채소류, 과실류, 화훼류, 수산물류 등을 취급한다. 1일 유통량은 12,000톤, 거래금액은 평균 400만$ 수준으로 유통금액 기준으로 프랑스의 헌지스(Rungis), 뉴욕의 헌츠포인트(Hunts point) 도매시장에 이어서 세계 3위 규모의 시장이다. 전국적으로 농업부 소속의 13개 도매시장과 30개의 곡물저장창고를 운영하고 있으며, 브라질 전체 유통물량의 12%, 상파울로 물량의 40%를 유통시키고 있다.

과실류는 약 350종목이 유통되며 유통량이 많은 품목은 오렌지, 파파야 등 열대 과일이고 과실유통물량의 약 10%는 아르헨티나에서 수입된 사과, 배, 자두 등 수

입과일이다. 과실류 유통시간은 월요일에서 토요일까지 오전 8시부터 오후 4시까지이다.

채소류는 약 340종목이 유통되고 있으며 유통물량 중에서 1%는 아스파라거스, 마늘 등 수입채소류이다. 채소류 유통시간은 월요일에서 토요일까지 오후 1시부터 오후 6시까지이다.

화훼류는 일주일 중에 화요일과 금요일만 거래되고 오전 5시부터 오전 10시까지 운영한다.

산지에서 Bulk상태로 운송되어온 과채류는 시장에서 선별되어 나무상자로 포장된 뒤 거래되며 거래가 성립된 농산물은 리어카에 실려서 소매유통업체의 차량으로 운반된다.

그림(51) 브라질 상파울로 중앙 도매시장

(2) 소매유통업체

농산물의 소매유통은 소비자의 소득계층에 따라 크게 구분된다.

중산층 이상의 고소득층은 백화점, 쇼핑센터, 수퍼마켓 등 현대식 편의시설을 갖춘 매장에서 농산물을 주로 구매한다. 그러나 저소득층과 극빈층은 주로 재래시장에서 농산물을 구매하는데, 재래시장의 유통은 저품질의 저가격상품을 거래하면서 조세회피 현상이 심하다.

브라질은 국토가 넓어서 생산자가 직접 소비시장의 유통망에 진출하기가 어렵고 물류가 복잡할 뿐만 아니라 할부판매가 성행되고 있다는 점에서 전문유통업체들의 영향력이 크다.

전문유통업체들은 현지의 생산·수집·가공업체들로부터 상품을 직접 구입하여 각 지역에 산재해 있는 산하의 소매체인점에게 상품을 공급하는 구조가 일반적이다.

대부분의 가공식품은 중개상을 거쳐서 판매되며 수입식품도 현지의 중개상이나 분배업자를 이용하여 제품을 분산시킨다. 중개상들은 자체의 보조조직을 갖추고 상품의 라벨링에서부터 전시 배열, 판매상황 점검, 판촉활동까지 수행한다.

브라질에 진출해 있는 대형유통업체는 프랑스와의 합작기업인 빵지아수카르(Pau de Acucar)를 비롯하여 프랑스 자본에 의한 까르프 브라질(Carrefour Brazil), 포르투칼 자본에 의한 소나에 (Sonae), 미국자본에 의한 월마트(Wal mart Brazil)와 전국 규모의 대형 유통할인매장으로 24시간 연중 무휴영업을 하고 있는 엑스트라(Extra) 등이 있다.

이 밖에도 상파울로 주 내에 수퍼마켓 매장체인을 운영하고 있는 Coop와 산타카트리나 주와 파라나 주에 수퍼마켓 매장체인을 운영하고 있는 Angeloni&Cia 등 중형 유통업체들이 있다.

3) 국내 및 수출물류

브라질은 트럭운송 비율이 높다. 그러나 도로상태는 대부분이 (90% 이상) 비포장상태이어서 좋지 않다. 수송분담률은 트럭 60%, 철도 33%, 수운 7%로서 미국의 트럭 16%, 철도 23%, 수운 61%와 비교하면 현저한 차이가 있다.

수송비는 1,000㎞ 수송 시 톤당 철도는 36USD, 트럭은 51USD, 그리고 수운은 18USD로서 미국에 비해서 트럭의존률이 높기 때문에 수송비가 높은 것이 단점이다.

표(40) 마또 그로소 주와 미국 아이오와 주의 수송비 비교(도착지 중국 상하이)

USD/톤

수송 경로	2006	2007
북부 MT Sorrito 출발 산토스 항 경유 기준(A)	136.8	180.5
아이오와 주 Davenport 출발 U.S. Gulf 경유 기준(B)	76.9	115.4
차이(A-B)	59.9	65.1

자료 : 김동환, 「남미 해외농업개발 성공모델 개발」, 한국농촌경제연구원 용역과제, 2010.10

표(41) 산토스 항의 물동량 추이

연도	물량	곡물선적 모습
2001	48.1	
2002	53.5	
2003	60.1	
2004	67.6	
2005	71.9	
2006	76.3	
2007	80.8	
2008	81.1	
2009	83.2	
연평균 증가율(%)	7.1	

자료 : 김동환, 「남미 해외농업개발 성공모델 개발」, 한국농촌경제연구원 용역과제, 2010.10

항구는 Santos, Paramagua, Rio Grande에서 전체 수출물량의 70% 이상을 처리하여 최근 들어 아마존강 유역의 내륙항구인 Itaciatiara, Santerem도 이용하고 있다. 브라질 전역을 연결하는 철도망은 아직 구축되어 있지 않은 상태이다. 특히 대두주산지인 마또그로스두술 주 동남쪽 입구인 Columbia까지만 철도가 연결되어 있는 상태이다.

산토스항은 브라질 최대항구로서 상파울로에서 남동쪽 68㎞ 상거하며 2009년 현재 83백만톤의 화물을 취급하였다.

최근 들어서 산토스항의 화물 적체현상이 심해짐에 따라서 산토스항 남부의 파라나구아 항이 곡물수송의 중심항구 역할을 수

그림(52) 파라나구아 항구

〈하역을 기다리고 있는 트럭행렬〉   〈저장창고〉

행하고 있다. 파라나구아 항구는 파라나 주 수도인 꾸리치바[27])에
서 90㎞남방에 위치한 항구인데 항구까지의 고속도로가 개통되면
서 중서부지역에서 생산된 곡물수송의 중심항구로서의 기능을 수
행하고 있다.

그림(53) 대두의 연도별, 계절별 내륙 운송비(2008~2008)

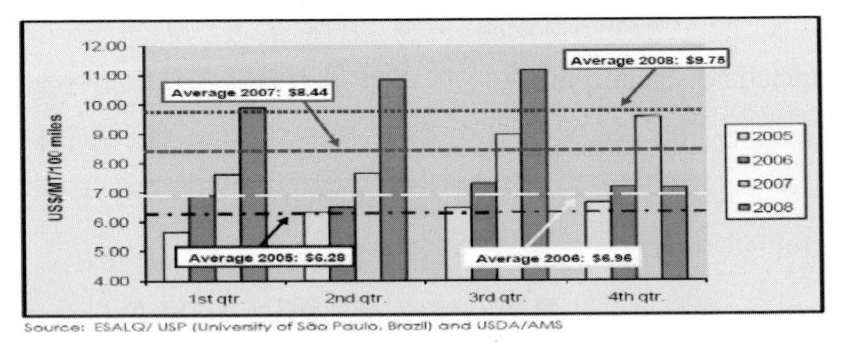

Source: ESALQ/ USP (University of São Paulo, Brazil) and USDA/AMS

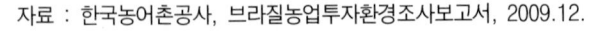

자료 : 한국농어촌공사, 브라질농업투자환경조사보고서, 2009.12.

---

27) 꾸리치바는 주민 1인당 공원면적이 가장 넓은 생태환경도시로 유명하다.

브라질의 대두 생산비는 미국 주산지인 IOWA주 보다 20~30% 낮지만 내륙운송비는 30~40% 높다. 내륙 운송비가 상대적으로 높은 이유는 미국은 미시시피강의 수운 위주의 수송을 하고 있지만 브라질은 트럭 위주의 수송을 하기 때문이다. 그러나 국제물류 비용을 고려한 동아시아 도착도기준 인도가격은 생산비의 유리성 때문에 브라질산 대두가 미국보다 5~8% 싸기 때문에 경쟁력이 있는 것으로 평가된다.

4) 농산물 무역

(1) 농산물 무역의 중요성

브라질은 아열대와 열대 농축산물의 수출대국이다. 2010년 현재 브라질은 세계 1위의 커피, 오렌지주스, 설탕의 생산국인 동시

표(42) 브라질 농축산물 생산과 수출의 세계 순위(2010)

주요농산물	생산순위	수출	수출량
커피(1,000bags(60kg))	1	1	29,080
옥수수(천톤)	4	3	7,000
대두(천톤)	4	2	12,450
오렌지주스(천톤)	1	1	1,320
설탕(천톤)	1	1	24,300
소고기(천톤)	2	1	1,675
돼지고기(천톤)	4	4	625
닭고기(천톤)	3	1	3,350

자료 : Foreign Agricultural Service, Official USDA Estimates

에 수출국이다. 소고기와 닭고기는 각각 세계 2위와 3위의 생산국이지만 수출량은 둘 다 세계 1위이다. 옥수수, 대두, 돼지고기는 모두 세계 4위의 생산국이지만 수출량은 대두는 2위, 옥수수는 3위, 돼지고기는 4위이다.

2000년대 들어서 브라질은 큰 폭의 무역수지 흑자를 기록하고 있다. 무역수지흑자 규모는 2001년의 2.7억달러에서 2006년에는 46.5억 달러로 확대되었다가 2009년에는 25.35억달러로 축소되고 있다.

표(43) 브라질의 무역수지 추이(2001~2010)

단위 : 억달러, F.O.B가격

연도	2001	2003	2005	2006	2008	2009	2010(상반기)
수출	58.29	73.2	118.53	137.81	197.94	152.99	89.19
수입	55.6	48.33	73.6	91.35	173.2	127.65	81.31
무역수지	2.69	24.88	44.93	46.46	24.74	25.35	7.88

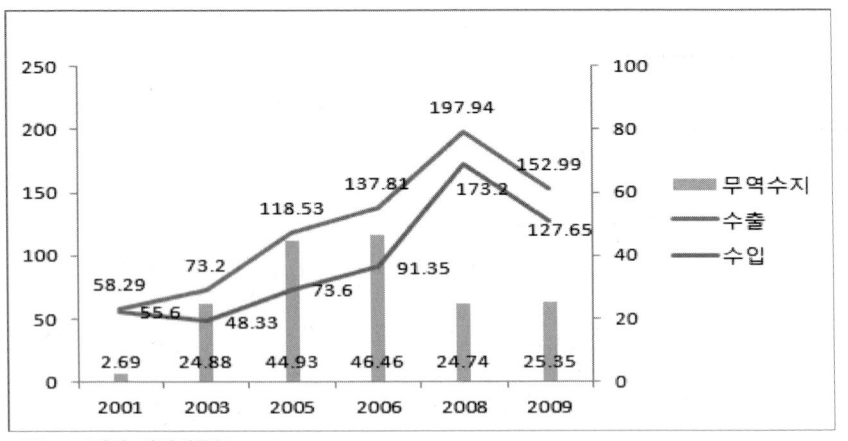

자료 : 브라질 개발상공부

브라질의 지속적인 무역 흑자기조의 배경에는 농축산물 무역흑자가 큰 기여를 하고 있다. 예컨대 2009년 브라질 전체 산업의 무역흑자는 25.35억USD였는데, 농산물 무역흑자는 38.2억USD였다.

농축산물 부문의 무역흑자가 비농업부문의 무역적자폭 2.8억 달러를 메우고 있기 때문에 전체 무역수지가 흑자기조를 유지하고 있는 것이다.

그림(54) 농축산물 부문의 무역흑자 추이(2009)

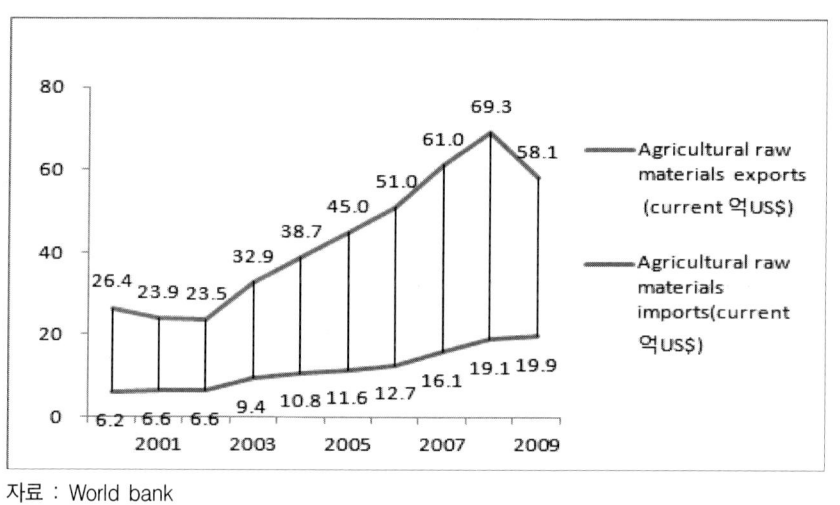

자료 : World bank

(2) 한국과 브라질의 교역과 농산물 무역

2009년 현재 브라질은 한국의 13위 수출국(점유율 1.46%)인 동시에 20위의 수입국(1.16%)이고 한국은 브라질의 17위 수출국(1.71%)인 동시에 6위의 수입국(3.77%)이다.

2009년 현재 한국은 5,311백만불을 수출하고 3,744 백만불을 수입함으로써 1,568백만불의 무역흑자를 시현하였다.

최근 4년간(2005~2009) 한국과 브라질 간의 교역규모는 연평균 16.5%씩 증가함으로써 우리나라 수출의 연평균 증가율 6.3%를 크게 앞지르고 있다. 대브라질 수출 증가율은 연평균 21.8%로 수입증가율(10.6%)보다 두 배가 넘었다.

특히 농축산물 수입증가율이 최근 4년간 연평균 22.9%씩 높은 속도로 증가하고 있었으며 농축산물 수출증가율은 수입증가율보다 높았으나 수출액 절대규모(2009년 현재 9.5백만달러)가 수입액 절대규모(1,308백만달러)의 0.7% 수준에 불과한 실정이므로 큰 의미는 없다.

표(44) 한국과 브라질 최근 교역 동향

단위 : 백만달러, %

구분		2005	2006	2007	2008	2009	연평균 증가율
무역규모		4,912	5,770	6,281	10,306	9,055	16.52
대 브라질 수출	전체(A)	2,411	3,063	3,487	5,926	5,311	21.83
	농축산물	2.9	2.4	3.0	9.1	9.5	34.71
대 브라질 수입	전체	2,501	2,707	2,794	4,380	3,744	10.61
	농축산물	573	591	788	917	1,308	22.94
무역수지		△90	356	693	1546	1567	-
우리나라 총 수출(B)		284,419	325,465	371,489	422,007	363,534	6.33
A/B		0.85%	0.94%	0.94%	1.40%	1.46%	-
대 중남미수출(C)		14,986	20,590	25,781	33,267	26,764	15.60
A/C		16.1%	14.9%	13.5%	17.8%	19.8%	-

자료 : 농수산물유통공사 무역정보(www.kati.net), 주 브라질 한국대사관 제공자료

단지 한국의 브라질 농축산물 수입이 최근 들어 빠르게 증가하고 있으며 농축산물 수입액은 총 수입액의 큰 부분(2009년 현재 35% 수준임)을 차지하고 있다는 점에 유의할 필요가 있다.

한국의 전체 수출액에서 대 브라질 수출이 차지하고 있는 비중은 2005년의 0.85%에서 2009년에는 1.46%로 증가하고 있다. 또한 한국의 대중남미지역 수출에서 브라질 수출이 차지하고 있는 비중도 2005년의 16.1%에서 2009년 19.8%로 증가함으로서 브라질 시장의 중요성이 커지고 있다.

표(45) 한국의 대브라질 농축산물 수입과 수출 추이(2000~2010)

연도	수입(백만톤, 백만달러)		수출(만톤, 만달러)		무역수지 적자금액 (백만달러)
	중량	금액	중량	금액	
2000	609	223	206	454	219
2001	2,293	421	160	409	417
2002	2,282	449	193	309	446
2003	1,958	478	181	254	475
2004	2,398	678	86	241	675
2005	1,840	588	66	361	584
2006	2,155	606	55	326	603
2007	2,233	829	105	389	825
2008	1,490	951	164	525	945
2009	2,984	1,471	202	533	1,466
2010	1,751	1,046	201	525	1,041
연평균 증감률(%)	19.3	23.3	-0.2	1.8	23.5

자료 : 농수산물유통공사 무역정보(www.kati.net)

그림(55) 한국의 대 브라질 농축산물
수출액 변화 추이
(1995~2010)

그림(56) 한국의 대 브라질 농축산물
무역수지 변화 추이
(1995~2010)

자료 : 농수산물유통공사 무역정보 kati.net

한국은 브라질과 농축산물 교역에서 수입이 절대적으로 많고 최근 들어서 수입이 큰 폭으로 증가하고 있기 때문에 농축산물 교역수지에서는 큰 폭의 적자를 기록하고 있다.

최근 10년간 농축산물 수입액은 연평균 23.3%씩 증가하고 있으나 농축산물 수출은 연평균 1.8%씩 증가하고 있다.

2010년 현재 브라질로부터의 수입량에 대한 수출량의 비율은 0.1%, 수입액에 대한 수출액의 비율은 0.5% 수준에 불과하므로 무역수지 적자액도 연평균 23.3%씩 증가하고 있다.

한국의 대브라질 주요 수출품목은 승용차, 핸드폰 부품, LCD 및 칼라TV 부품, 건설중장비, 철강제품 등이며 2009년에는 선박 엔진과 부품이 10대 수출품목으로 진입하였다. 반면에 수입품목

표(46) 한국과 브라질의 주요 수출입 품목(2009년 MTI 4단위 기준)

단위 : 백만불, %

순위	대브라질 수출			대브라질 수입		
	품목명	금액	증가율	품목명	금액	증가율
1	승용차	1,183	38.5	철강	1,079	20.7
2	핸드폰 부품	1,013	9.3	강반제품	479	51.4
3	경유	383	45.1	박류	418	60.9
4	칼라TV부품	286	23.9	두류	248	23.2
5	평판디스플레이	268	32.6	천연섬유원료	151	9.3
6	선박엔진 및 부품	173	197	선철	143	34.9
7	합성수지	129	26.2	펄프	141	15.3
8	건설 중장비	103	58.7	사료	134	3,791.9
9	화물 자동차	94	40.1	동관	89	50.7
10	모니터	93	58.1	합금철	86	3.2

자료 : 주브라질대사관

은 철광석, 철, 곡물류, 강반제품 등 원자재가 주류를 이루고 있는 가운데, 2009년부터는 사료수입이 크게 늘고 있다.

5. 브라질의 바이오에너지 산업

1) 바이오에너지 정책 동향

석유자원 고갈에 따른 화석연료(석유, 석탄 등) 가격의 상승에 대처하기 위한 대체에너지 개발은 지구촌이 안고 있는 큰 숙제이다. 더구나 온실가스(CO_2 등) 감축을 위한 청정에너지 개발은 지구온난화 등 기상이변 현상에 대응하기 위한 또 다른 숙제이다.

브라질은 대체·청정에너지 개발과 상용화(商用化)를 성공시키고 있는 가장 대표적인 나라이다.

2000년을 계기로 하여 석탄, 석유, 천연가스 등의 공급증가 추세는 감소 추세로 전환되었으며 이에 따라서 증가하고 있는 에너지소비량28)을 공급하기 위해서는 바이오에너지와 태양에너지, 원자력 등의 대체에너지 개발이 시급한 것으로 보고되고 있다.

그림(57) 세계에너지 수급전망

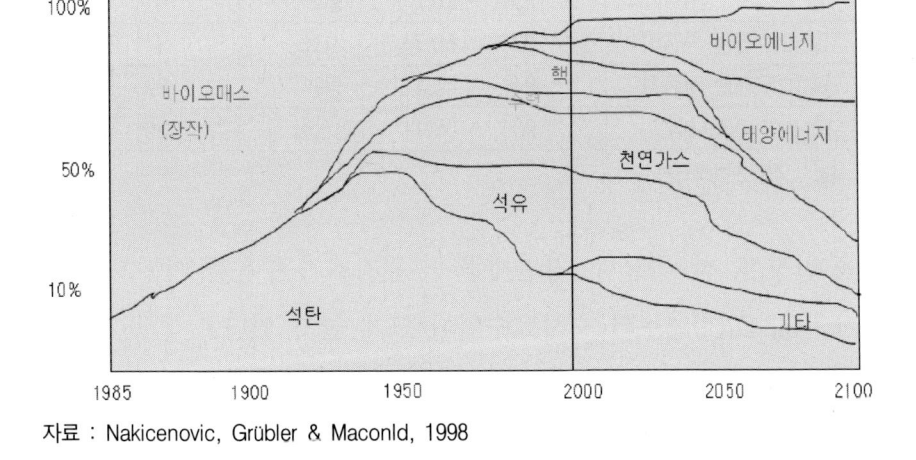

자료 : Nakicenovic, Grübler & Maconld, 1998

브라질의 바이오에너지정책의 근간은 에탄올의 도입을 규정한 1975년의 브라질 알콜프로그램(Proalcool:Programa Brasileiro do Alcool)과 2004년의 바이오디젤 생산 및 사용 프로그램(Programa Nacional de Producao e Uso de Biodiesel) 이다.

---

28) 세계적인 대체에너지 연구소인 Cera컨설팅 사는 2030년에 가서는 에너지 소비량은 현재보다 75%가 증가할 것으로 예상하고 있다.

(1) 브라질 알콜프로그램

석유대체 에너지로 사탕수수를 원료로 하는 바이오에탄올 생산과 이용을 규정하는 정책으로 주요 골자는 다음과 같다.

○ 가솔린-에탄올 혼합유류 사용시책 도입
 - 가솔린에 무수알콜 20~25% 혼용 의무화(법령 8723호/1993년)
 - 100% 유수알콜 사용모터(Otto-cycle)개발 촉진
○ 유수알콜 사용차량에 대한 세금 감면
○ 2003년 이후 0~100%의 에탄올 임의혼용 차량(FFV : Flex Fuel Vehicle) 판매
 - 혼용 형태(무수알콜 : 가솔린과 혼용, 함수알콜 : 알콜 단독사용)

(2) 바이오디젤 생산 및 사용 프로그램

○ 바이오디젤 도입기간 규정
 - 2005~2007년 디젤의 2% 혼용 권장
 - 2006~2012년 디젤의 2% 혼용 의무화
 - 2013 이후 디젤의 5% 혼용 의무화

브라질 정부는 바이오에너지 생산 및 이용 촉진 정책을 시행하고 있다. 대표적인 정책은 다음의 4가지이다.

(1) 전력 대체에너지 인센티브 프로그램(Proinfa)

사탕수수 및 목재를 이용하는 바이오전력 개발(연간 685MW 목표) 추진

(2) 농업에너지 개발 인센티브법(법령 9991호, 2000년)

전력 분야에서 발생하는 순이익의 일정률을 농업에너지 개발을 위한 기술개발(R&D)투자에 사용한다.

- 발전기업 : 순이익의 1%, 송전기업 : 순이익의 2%, 분배기업
  : 순이익의 0.75%

(3) 에너지 소비비용(CCC : Custo do consumo do combustivel)에 바이오디젤 경비 포함

북부 벽지의 전력수급을 위한 화력발전소 연료(석탄 및 석유) 비용을 타지역 소비자들이 부담해 왔는데, 이 연료를 바이오디젤로 대체시키기 위한 비용도 포함시켰다.

(4) 사회에너지 인증서(Solo de Combustivel Social)

소농의 사회참여를 촉진하고 소득증가를 위해서 소농으로부터 바이오디젤 원료작물을 구입하는 기업에게 세제혜택을 부여한다.

브라질정부는 바이오에너지 원료농작물 생산을 촉진하기 위하여 생산농가에 대한 금융지원정책을 강화하였다. 2004년 농업금융공급액은 232억USD에 달했으며, 이 중에서 바이오에너지 원료농작물 생산 농기업과 소농에게 각각 35억USD씩을 공급하였다.

농업금융공급은 기계 및 장비구입비의 80%까지, 그리고 지역사업비의 90%까지 저리에 의한 장기융자로 공급하는 조건이었다.

브라질 정부의 바이오에너지 정책은 2000년 법령 3546호에 의해 설치된 설탕 및 알콜각료위원회(CIMA:Conselho Interministerial do Acucare do Alcool)가 관장하는 것으로 되어 있다.

이 위원회에 참여하고 있는 농림부(MAPA)는 원료작물에서 에탄올 및 바이오디젤 생산공정을 담당하고 자원에너지부(MME)는 바이오에너지 상업화를 산하기관 브라질 석유청(ANP)으로 하여금 관장하게 하며 재무부(MF)는 바이오에너지 관련 세제와 인센티브 등을 관장하게 하고 있다.

2) 브라질 바이오에탄올 산업 현황

에탄올(C_2H_2OH)의 원료작물로 브라질은 사탕수수를 이용하고 있으나 미국은 옥수수, EU는 사탕무를 주로 이용하고 있다.

사탕수수 에탄올은 타원료 이용 에탄올에 비해서 에너지수지[29] 측면에서 가장 효율적이기 때문에 브라질산 에탄올은 대단히 경쟁력이 높다.

표(47) 사탕수수 에탄올과 타원료 에탄올의 에너지 수지 비교

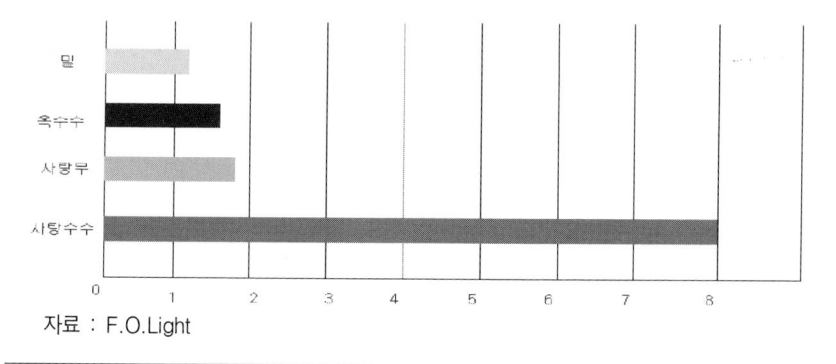

자료 : F.O.Light

---

29) 투입된 에너지 대비 생산된 에너지 비율을 에너지 수지라 칭하는데 사탕수수는 8.32인데 비하여 옥수수는 1.21, 사탕무는 4.43에 불과한 것으로 평가된다. (자료 : F.O.Light)

에탄올 생산비를 추정한 2004년의 연구자료(Henniges, 2004)
에 의하면 배럴당 생산비(USD/bbl;159ℓ)는 미국의 옥수수 에탄올
은 24.84Euro이고 독일의 사탕무 에탄올은 52.37Euro인데 비하
여 브라질의 사탕수수 에탄올은 14.48Euro로 브라질 에탄올의
가격경쟁력이 훨씬 높았다. 이에 따라서 브라질산 사탕수수 에탄
올의 가격은 2004년 현재, 미국산 바이오연료의 절반 수준이었다.

표(48) 브라질의 에탄올과 다른 바이오연료가격 비교(2004)

구분	배럴당 가격(USD)
브라질 사탕수수 에탄올	35
말레이시아 오일팜 바이오디젤	55
미국 옥수수 에탄올	65
유럽유채꽃 바이오디젤	65
유럽 밀 에탄올	90

자료 : CEPEA, UNICAMPO

2006년 농업부 통계에 따르면 브라질의 사탕수수 경작면적은
704만ha이고 수확면적은 619만ha인데, 이 중에서 에탄올 생산을
위한 사탕수수 경작지는 약 300만ha로서 브라질 총 경작지 면적의
0.8%에 해당한다. 그러므로 여타작물 재배나 환경에 큰 영향을 주
지 않으면서 사탕수수의 재배확장이 가능한 것으로 판단된다.
상파울로 주 깜삐나스대학(UNICAMP)이 작성한 사탕수수 재배
가능지역은 그림(58)과 같다.

그림(58) 브라질의 사탕수수 생산가능 지역

생산가능지역

관개시설투자없이 생산가능한
토양 및 기후지역

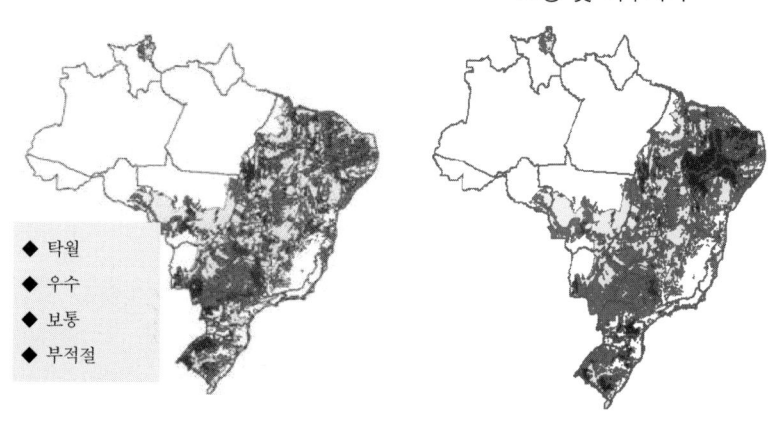

◆ 탁월
◆ 우수
◆ 보통
◆ 부적절

2006년 브라질의 사탕수수 수확량은 458백만톤으로 ha당 74톤의 생산성을 보였다. 사탕수수 경작면적은 2001년의 5.02백만ha에서 2006년에는 7.04백만ha로 연평균 7%씩, 그리고 사탕수수 생산량은 334.28백만톤에서 457.98백만톤으로 연평균 6%씩 증가하고 있다.

표(49) 브라질의 사탕수수 재배 및 수확면적과 생산성

년도	사탕수수 면적(백만ha)		사탕수수 생산 (백만t)	생산성(t/ha)
	경작	수확		
2001	5.02	4.96	344.28	69.44
2002	5.21	5.10	363.72	71.31
2003	5.38	5.37	389.85	72.58
2004	5.63	5.57	416.26	73.88
2005	5.76	5.62	419.56	72.83
2006	7.04	6.19	457.98	74.05

자료 : 브라질통계청

사탕수수 재배지역은 상파울로 주가 3.4백만ha로 전체의 66%로 가장 많으며, 그 다음이 빠라나 주와 미나스제라이스 주가 각각 40만ha로 전체의 6% 등이다.

그림(59) 상파울로 주의 대규모 사탕수수 재배농지

그림(60) 에탄올 정제소

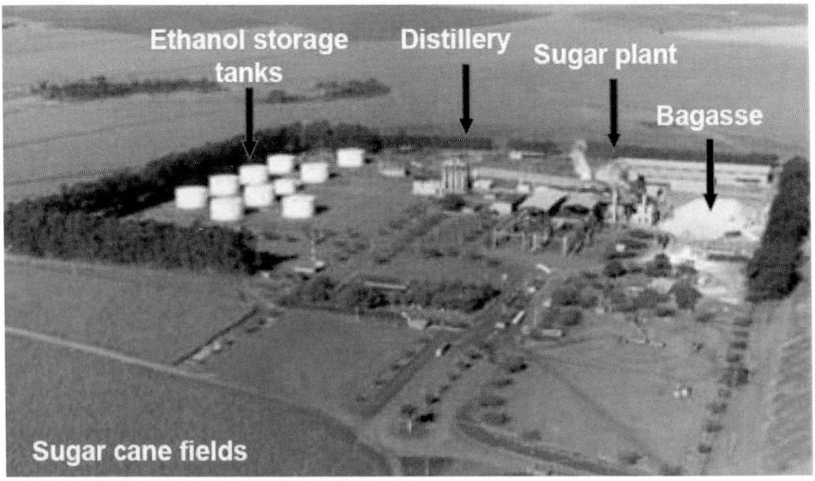

자료 : UNICA

상파울로주와 파라나 주 등 남동부지역에서는 사탕수수 재배면적 확대 가능성이 크지 않기 때문에 최근 들어서 미나스제라이스주, 마또그로수 주, 고이아스 주, 토칸친스 주 등으로 사탕수수 재배면적이 확대되고 있는 추세이다.

브라질은 서리가 내리지 않는 적정한 기온(20~24℃)과 수확기에 건조한 연간 1,200㎜이상의 강우량 조건을 갖춘 자연적인 혜택에 의해서 경작면적 1ha당 평균 6,500~8,000ℓ의 에탄올을 생산할 수 있으며 앞으로 경작면적의 확대에 따라서 에탄올 생산확대 가능성도 매우 높다.30) 에탄올 생산확대를 위해서 원료농작물인 사탕수수의 재배면적 확대에 비례해서 에탄올 정제소의 설치 확대가 이루어져야 한다.

2010년 브라질의 에탄올 생산목표는 240억ℓ이고 이 중에서 50~60억ℓ를 수출할 계획이다. 이를 위해서는 2006년 현재의 경작면적 3백만ha를 5백만ha로 확대해야 한다.

표(50) 2010년 브라질에탄올 생산목표

	2006	2010 목표
생산	169.9억 ℓ	240억 ℓ
생산능력	200억 ℓ	
수출	34억 ℓ	50~60억 ℓ
수출능력	40억 ℓ	80억 ℓ
현 경작면적	3백만ha	5백만ha

---

30) 1억ℓ의 에탄올 생산을 위해서는 15,000ha의 경작지가 소요된다.

3) 브라질 바이오디젤산업 현황

브라질에서 바이오디젤 산업이 도입된 배경에는 2003년 브라질에서 발생한 전력(電力)대란의 영향이 크게 작용하였다. 부족한 전력을 보완하기 위하여 화력발전에 이용되는 석유를 바이오디젤로 대처하기 위해서 바이오디젤 개발을 본격적으로 추진하기로 결정했기 때문이다.

2004년 12월에 바이오디젤 도입목표 및 규정 등에 관한 프로그램을 발표하고 2005년 11월에 첫 바이오디젤 공매를 시작하였다.

브라질 정부는 바이오디젤 도입이 환경적인 이득 이외에도 대두, 해바라기 등의 기존 농작물 뿐만 아니라 북부에서 생산되는 오일팜 및 북동부 건조지역에서 생산되는 아주까리 등 새로운 원료작물을 도입·이용함으로서 낙후지역의 영세농가소득 향상과 고용창출에도 큰 기여를 할 수 있다고 판단하였다.

바이오디젤 프로그램 도입의 주목적은 다음과 같다.

① 신재생에너지의 지속가능한 도입과 에너지원의 다양화

② 디젤 등 석유수입량 감소

③ 고용 및 수익 창출, 특히 농촌인구 정착 및 지역농업 확장

④ 식량작물 생산에 비적합한 토양이용도 증가

바이오디젤 사용을 권장하기 위하여 B_2/B_5 혼용을 의무화 하는 법령 11097을 발표함으로써 2006~2012년 B_2(2% 혼용)의무화와 2013년 B_5(5% 혼용의무화)조치를 시행하였다.

또한 시행령 5279(2004.12)에 근거하여 사회에너지 인증서

(Selo Combustivel Social)제도를 시행하고 있다.

사회에너지인증서를 획득한 바이오디젤 생산자는 연방정부의 재정지원 뿐만 아니라 세제혜택도 받게 되는데 사회인증서 획득을 위한 조건은 국가소농활성화 프로그램(PRONAF)[31]과 깊은 연관관계가 있다.

농업개발부(MDA)는 시행규칙 1호(2005.7)를 통해서 사회에너지 인증서 획득조건을 다음과 같이 규정하고 있다.

(제1조건) 원료작물 구입률

소농 또는 이들의 협동조합으로부터 바이오디젤 원료작물의 최소한의 구입률 조건을 충족시켜야 한다.(북동부 지역 : 50%, 남동부/남부 : 30%, 북부/중서부 : 10%)

(제2조건) 소농과의 계약

바이오 디젤 생산업자는 모든 소농 및 이들의 협동조합과 선물거래 계약을 체결하고 기술훈련 및 기술지원을 보장해야 한다.

이외에도 원료작물 재배에서 부터 최종상품 판매에 이르기까지의 과정에 관련된 바이오디젤 투자를 촉진하기 위한 재정지원 프로그램이 운영되고 있다.

바이오디젤을 생산할 수 있는 원료획득의 원천 및 과정에 따라서 다음의 4종류로 원료를 구분할 수 있다.

---

31) 소농(小農)의 조건은 세금분류표상 4분류 소유주가 아닐 것, 가족이 농업생산에 참여하고 있을 것, 직접 생산하여 수익을 창출할 것, 토지 또는 토지 인근지역에 거주할 것 등이다.

표(51) 바이오디젤 원료

종류	동물성 유지	식물성 유지	식용폐유	오물유지
원료	도살장 정육점 피혁	일년생작물재배 영년생작물재배	상용 및 산업용 폐유	도시오수 공장오수
획득방법	물과 증기를 통한 획득	기계추출 용해추출 혼합추출	축적 및 수거	공정 연구 및 개발중

　특히, 브라질에서는 약 90종의 식물성 유지 원료작물이 있는 것으로 알려져 있는데, 이 중에서 대두, 땅콩, 아주까리, 오일팜 등이 가장 적합한 작물로 평가되고 있다.

　브라질 대륙의 전역에서 바이오디젤 개발이 가능한 원료는 다음 그림(61)에서 보는 바와 같다.

그림(61) 바이오디젤 개발이 가능한 주요 농작물

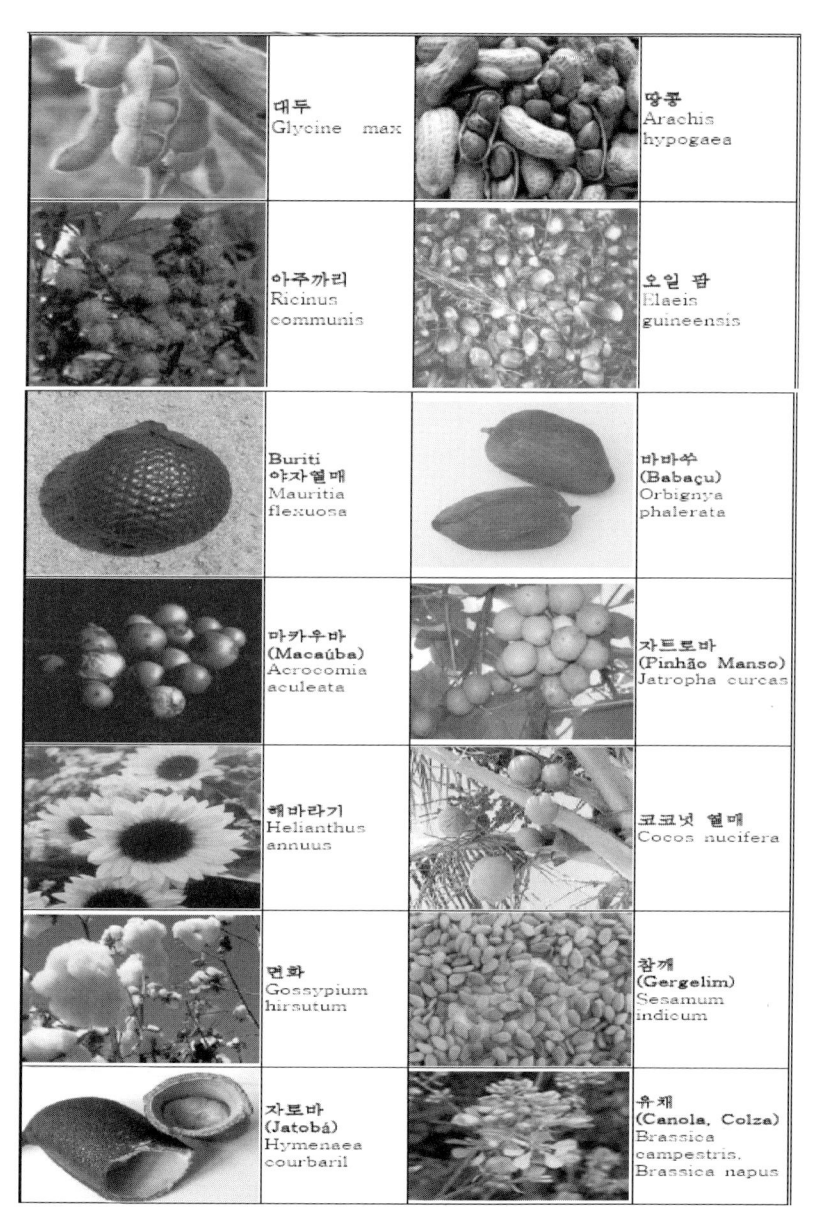

그림(62) 지역별 바이오 디젤 개발 가능 작물

브라질의 바이오디젤 정제소의 생산능력은 2007년 현재 연간 1,333.6백만ℓ이지만 신프로젝트가 완공되면 4,878백만ℓ로 늘어나게 된다.

표(52) 브라질 바이오디젤 정제소의 생산능력

종류	정제소 수	연간 생산능력(백만ℓ)
생산중	24	1,333.60
건설중	22	1,137
실험소	14	13.80
신프로젝트	38	2,566.70
합계	106	4,878,108

자료 : 브라질 석유공사, 2007.3.28현재

브라질의 석유공사(Petrobras)가 발표한 디젤수요량 변화 및 전망에 따르면 디젤에 5%의 바이오 디젤 혼용을 의무화한 2013 년에는 약 26.4억ℓ의 바이오디젤 수요가 발생할 것으로 예측하고 있다.

이에 따라 바이오디젤 판매금액은 2013년에 약 15억USD에 이를 것으로 전망된다.

그림(63) 바이오디젤의 브라질 내수시장 규모

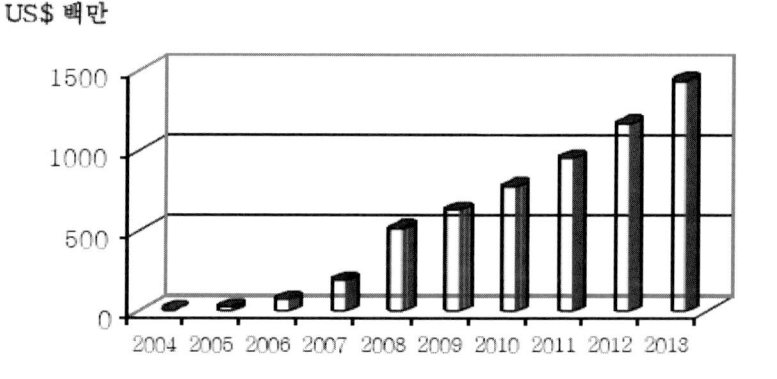

4) 바이오에너지 분야 브라질 진출 전략

바이오에너지 분야에서 브라질의 경쟁력 및 선도적 역할은 세계가 인정하고 있다. 브라질은 자신들이 개발한 바이오에너지 기술을 전세계로 전파하여 새로운 친환경적이고 재생가능한 에너지 문명을 건설하고 그 추세를 리드할 수 있다고 확신하고 있다.

국내 소비 에너지의 거의 전량을 수입하고 있는 한국의 입장에서는 산업의 안정적인 발전을 도모하기 위해서 장기적이고 안정적인 에너지 공급원의 확보가 필요하다. 특히 화석연료에 대한 높은 의존율을 줄여 나가기 위해서 에너지 원천의 다양화 차원에서 바이오에너지 산업의 본고장인 브라질 진출을 검토할 필요성이 있다.

바이오에너지 산업은 농업, 제조업, 서비스업 등 3개산업을 망라하는 종합산업적 성격이다. 즉 원료작물 생산은 농업분야이고, 에탄올 및 바이오디젤 정제산업은 제조업 분야이며 생산품의 유통과 수출산업은 서비스 분야이다. 브라질 바이오에너지 산업분야에 우리 기업이 참여할 수 있는 분야는 3개산업 전분야에 걸쳐서 가능하며 참여기업의 규모와 관심 분야에 따라서 다음의 특정한 개별산업분야 진출도 가능할 것이다.

① 원료작물 생산(사탕수수와 바이오디젤 원료작물)
② 바이오에너지 정제산업
③ 바이오에너지 수출산업(한국 반입 포함)
④ 바이오에너지 정제산업 관련기계 및 장비 생산업
⑤ (한국의 자본+ 브라질 기술) 컨소시엄에 의한 열대지방(제3국) 바이오에너지 산업 진출

현재 브라질의 에탄올 사업에는 브라질 국내 기업과 외국기업들의 진출이 활발하게 추진되고 있으며 이에 따라서 현재의 주산지인 남부, 남동부 지역(상파울로, 빠라나, 미나스제라이스 주 등)의 지가(地價)는 이미 크게 올라있는 상태이다.

그러므로 중서부, 북동부 지역 중에서 사탕수수 재배가능지역(고이아스, 마또그로수, 토칸친스 주)을 선택하는 것이 유리하다.

바이오디젤의 경우에는 북부와 북동부지역에서는 오일팜 재배가 용이하고 북부, 북동부, 중서부 지역에서는 아주까리 재배가 용이하므로 이들 지역 중에서 임금이 저렴하고 정부의 세제혜택 수혜가 가능한 지역을 선택하는 것이 바람직하다.

브라질 바이오 에너지 산업에 진출하였거나 진출을 계획하고 있는 외국계기업의 사업내용은 다음과 같다.

표(53) 브라질 바이오에너지산업 진출 외국기업

〈에탄올 분야 〉		
국가명	회사명	주요내용
미국	Cargill (미국 제1곡물 가공기업)	– 브라질 사탕수수정제소 Cevasa–Central Energita do Vale do Sapucai 의 지분 63%를 7천만미불에 구입 – 2006/07년 6억 ℓ 의 알코올을 미국에 수출 예정 – 2006년 브라질 알코올의 대미수출 (19.4억 ℓ)의 20%를 Cargill사가 점유
미국	Noble Group	– 상파울루주에 7천만불 규모의 정제소 보유 및 약2억불 상당을 투자하여 에탄올 생산을 계획 중
미국	Adecoagro	– 사장 조지 소로스(George Soros), 미나스제라이스주에 에탄올 정제소(Monte Alegre) 보유 – 마또그로수두술주에 추가 3개 보유 희망 – 총투자액 약9억미불의 최대 주주로서 Soros 개인 자본 – 제1 정제소는 차기 수확기에 약 7천만 ℓ 의 에탄올 생산예정 – 향후 5년후 각 정제소에서 각각 3억 ℓ 생산 추진
미국	Forbes Group	– 미국의 에탄올 수요에 대비, 브라질 상파울루의 Proeng와 함께 도미니카 공화국에 사탕수수 정제공장 건설 예정 – 투자액은 약4억헤알(2억미불상당) – Forbes는 브라질산 에탄올을 이미 미국에 수출판매 – 동 사는 카리브 및 쿠바에 투자 진행중 – 향후 나이지리아 및 에쿠아돌에도 투자 예정

일본	Mitsui	– 브라질석유공사와 뻬르남부끄주와 바이아주에서 사업 가능성에 대한 연구 공동으로 진행
일본	Itochu	– 브라질석유공사와 뻬르남부끄주와 바이아주에서 사업 가능성에 대한 연구 공동으로 진행
벨기에	Alcotra Bioenergy	– 3천만불 상당을 정제소에 투자중 – 지역은 아직 미 결정
독일	Epuron	– 상파울루주 사탕수수 생산지역에 바이오에너지 공장설립 추진
이태리	ENI	– 바이오에너지 활성화 협력협정 체결 – 아프리카 생산 원자재, 양국 기술의 3자 협력
영국	Infinity Bio-Energy	– 브라질석유공사와 협력추진 검토중 – 브라질내 3개 정제소 기 보유 – 에스뻬리뚜 산뚜주 3개 지역에 바이오에너지 단지 설립을 위해 협상중 – 총 10억미불 투자 예상
프랑스	Alstom	– 바이오에너지 생산을 위한 보일러 공장을 브라질에 설립예정 – 현재 뻬르남부끄주 Recife 소재 위생관련 공장을 판매 후 동 금액 6백만미불 투자 예정
중국	BBCA 안후이	– 브라질 뻬르남부끄 Farias 그룹과 2개의 에탄올 공장 건설 계획 – 2009년 가동 계획과 초기 생산량 연 8억–10억ℓ 목표 – 브라질내 제2위 규모 공장될 전망
멕시코		– Petrobras(브라질 석유공사)와 기술 이전관련 협의중

〈바이오 디젤 분야〉

네덜란드 일 본	Agrenco Marubeni	– 3개의 바이오디젤 정제소와 설립을 위해 6천만미불 상당 투자 예상 – 투자지역은 마뚜그로수 주 알뚜 아라과이아(Alto Araguaia)지역, 마뚜그로수두술주의 까아라뽀(Caarapo)지역 및 빠라나주의 쎄우 아줄(Ceu Azul)지역
이태리	Brasbiofuel	– 빠라나주 수도 꾸리치바 인근 아라우까리아(Araucaria)지역에 정제소 설치를 위해 4.8억헤알(2.5억미불상당) 상당을 투자 예정

05

브라질 농업진출을 위한
바람직한 전략

제5장

브라질 농업진출을 위한 바람직한 전략

1. 브라질 농업진출의 연착륙을 위한 조건 탐색

1) 브라질 농지개발의 역사와 지가(地價)형성

브라질은 1950년대 이래 아프리카에서 수입한 노예노동력을 이용하여 대서양 연안지역부터 사탕수수, 커피, 오렌지 등 농장을 개발하기 시작하였다. 그 이후 농장개발 범위를 점차 대륙중앙부인 서부지역으로 확장하기 시작하여 1990년대에는 열대우림지역인 북부 아마존지역으로까지 확대하였다.

그림(64) 브라질의 연대별 농장개발

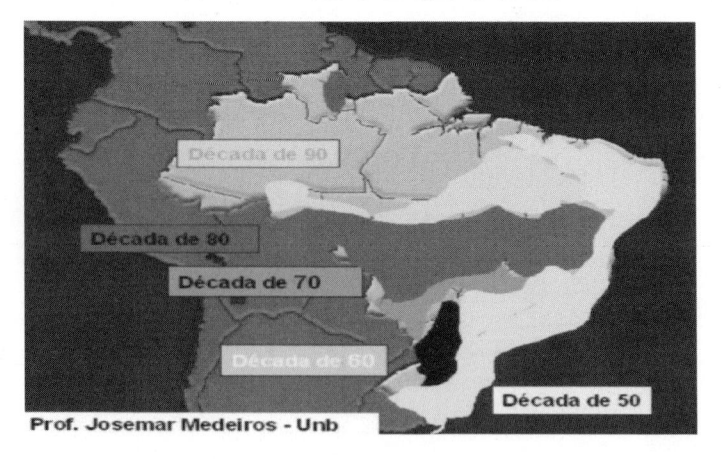

표(54) 브라질의 주별 농지가격(2008)

단위 : R$/ha

지역	2008년 1월과 2월의 평균치		
	중위치	최고치	최저치
Acre	433	1,337	30
Alagoas	1,344	3,769	241
Amapa	129	373	16
Amazonas	220	918	34
Bahia	1,730	8,575	69
Ceara	951	10,338	34
Espirito Santo	3,279	10,305	657
Goias e Distrito Federal	2,806	6,723	580
Maranhao	644	2,815	66
Mato Grosso	1,967	7,205	158
Mato Grosso do Sul	2,864	9,229	89
Minas Gerais	3,329	12,463	72
Para	680	3,100	40
Paraiba	915	3,625	124
Parana	6,709	16,116	369
Pernambuco	2,491	12,997	30
Piaui	493	2,111	45
Rio de Janeiro	2,401	5,113	500
Rio Grande do Norte	932	5,439	44
Rio Grande do dul	5,610	14,560	2,295
Rondonia	2,372	6,485	186
Roraima	598	1,178	77
Santa Catarina	6,373	28,000	1,428
Sao paulo	9,364	21,694	1,240
Sergipe	2,407	9,863	245
Tocantins	1,308	3,500	145

자료 : Brazilian Agribusiness : An Opportunity of Investment

오늘날 브라질의 농업중심지역은 1980년대에 개발한 중서부지역(Mato Grosso주, Goias주, Mato Grosso do Sul주 등)이다.

새로 개발된 중서부지역은 땅값이 '50년대에 개발된 동남부 및 남부지역의 절반 이하 수준으로 싼 이점이 있다.

예컨대, 동남부의 상파울로주나 남부의 빠라나 주의 평균 농지 가격은 ha당 7,000~10,000R$수준이지만 중서부의 마또그로수주나 고이아스 주의 평균 농지가격은 2,000~3,000R$수준이다. 또한 같은 주 안에서도 도시와 가까운 지역의 농지와 도로접근성이 나쁜 오지의 농지가격은 큰 차이가 난다.

브라질의 땅 값은 2005년 5월부터 2008년 3월까지 3년 사이에 평균 35.2% 올랐다. 특히 2007년 3월부터 2008년 3월 사이의 1년 사이에 16.3%가 올랐다.

그림(65) 브라질의 농지가격 변화

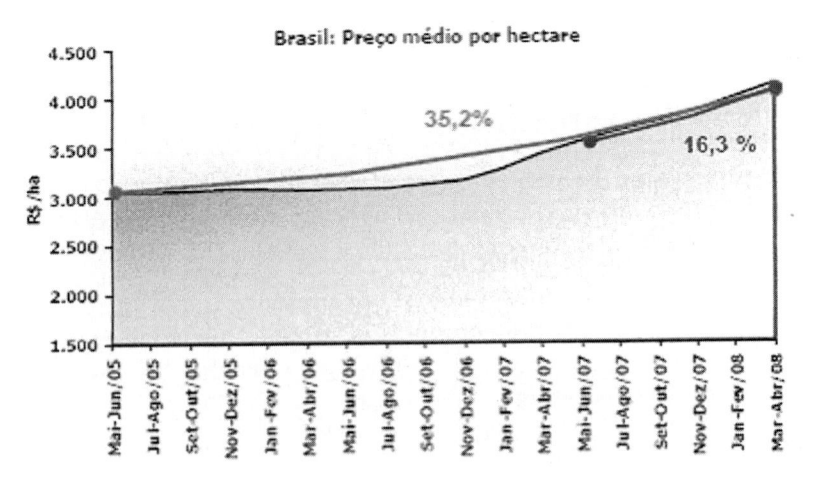

2008년 현재 외국인들에 의해 소유되고 있는 농지는 브라질 전체의 사탕수수 재배면적과 맞먹는 550만ha에 이른다고 한다.[32]

국제식량위기의 징후가 있을 때마다 브라질에서 농지를 구입하려는 농지수요가 커지기 때문에 브라질의 농지가격은 매년 오르고 있다.

농지수요는 남동부나 남부지역의 농장주들이 보다 값싼 땅을 구입하여 대규모 경영을 하겠다는 국내 농업이민의 농지수요와 함께, 외국인(기업이나 개인)의 농지수요가 맞물려 형성되면서 중서부와 북부 미개발지의 땅 값 상승을 유발하고 있는 것이다.

2) 내륙 운송 물류

농지개발이 내륙의 미개발지로 확장하면서 발생하는 문제는 생산된 농산물의 내륙운송비 문제이다.

브라질의 곡물운반용 내륙수송수단은 주로 트럭(50t 적재)에 의존하고 있다.[33]

철로는 대서양쪽에 일부만 개설되어 있고 아마존 강 등을 이용하는 수로 수송경로 역시 일부만 개발되어 있기 때문이다. 육로역시 고속도로가 대서양 해안도시 사이에서만 개통되어 있을 뿐이고 내륙지역은 대부분 미포장 상태이기 때문에 도로사정은 나쁜 편이다.

---

32) Globo Newspaper, 5/20/2008
33) 브라질의 곡물수송 트럭의존률은 60%로 미국의 15%보다 현저하게 높다. 트럭 수송비는 철도이용보다 4배, 수로이용보다 16배나 높기 때문에 브라질 곡물의 물류비가 지나치게 높아지게 되어 농장경영의 수익성을 낮추게 된다.

브라질 곡물주산지인 마또그로수에서 생산된 농산물의 수송수단별 수송비(USD/100t/㎞) 단가를 비교하면 트럭 운반시에는 3.2USD인데 비하여 철로운송 시에는 0.8USD, 그리고 수로 이용시에는 0.2USD가 소요되는 것으로 보고되고 있다.

브라질의 농작물 생산비는 미국보다 25%정도 낮다. 대두의 경우 마또그로수 주는 부셀당 3.89USD, 파라나 주는 4.16USD이지만 미국(IOWA주)은 5.11USD이므로 훨씬 싸다. 그러나 내륙 운송비가 0.40~0.90USD만큼 비싸기 때문에 동아시아 도착가격은 브라질이 약간 싼 것으로 평가된다.

표(55) 아르헨티나, 미국, 브라질의 대두 수출 비용

단위 : USD/Bu

비용 항목	미국 (중서부)	브라질		아르헨티나 (산타페)
		Parana	Mato Grosso	
변동비용	1.71	2.78	3.17	1.9
고정비용	3.4	1.38	0.72	2.02
총생산비용	5.11	4.16	3.89	3.92
내륙 수송 및 유통비용	0.43	0.85	1.34	0.81
수출항 기준 비용	5.54	5.01	5.23	4.73
동아시아까지 운송비용	0.75	0.81	0.81	0.81
수출세	–	–	–	1.65
동아시아 도착도기준 비용	6.29	5.82	6.04	7.19

* 생산, 내륙운송비용, 유통비용 등은 Schnepf, et al. (2001)에서 인용.
** 동아시아는 중국까지의 운송비용이며, 중국으로의 운송비는 USDA-AMS, "Grain Transportation Reports", February 2005에서 인용.
*** 아르헨티나는 FOB 가격의 35%를 수출세로 부과
자료 : 김동환, 「남미 해외농업개발 성공모델 개발」, 한국농촌경제연구원 용역과제, 2010.10

다시 말하면, 중서부지역은 땅값이 상대적으로 저렴하므로 고정 생산비가 싼 대신에 내륙운송비가 미국보다 4배, 남부지역보다 1.5배 정도 비싸기 때문에 대서양 쪽의 항구이용을 대신할 수 있는 새로운 내륙운송경로 개발이 필요하다는 것이다.

그러므로 한국기업의 브라질 농업진출 연착륙(Soft Landing)과 성공가능성을 높일 수 있는 조건은 생산된 농산물을 효율적으로 반출할 수 있는 물류 Infra의 확보문제로 귀결된다.

현재 상태의 주반출경로인 곡물생산 주산지(중서부)에서 대서양 연안항구(Paranagua와 Santos 등)까지의 2,100~2,300km의 육로운송에 소요되는 높은 운송비용을 절감할 수 있는 새로운 대체적 운송경로의 확보가 무엇보다 선행되어야 한다는 것이다.

그것은 대서양 연안항구의 처리능력이 현재 상태에서도 거의 포화상태에 처해 있으므로 상하역 및 선적에 소요되는 시일이 오래 걸린다는 점34), 그리고 대서양 연안 항구들은 다국적곡물기업들에게 대부분 점유당하여 추가적인 부두확보가 거의 불가능한 실정이라는 점, 무엇보다 산토스 항구 바깥 해역에서 진행되고 있는 심해유전의 개발성공으로 연안 일대의 새로운 항구개발 가능지는 유류저장과 운반시설을 위한 용도로 이미 배분된 상태란 점 등에서 앞으로 대서양 연안항구의 화물적체 현상은 더욱 심각해

---

34) 2008년 한국에서 수출된 남해화학 비료 5만톤을 선적한 운반선은 산토스 항에서 1개월 이상 하역을 기다려야 했기 때문에 선박이용요금이 비료수출가격을 초과하는 일마저 발생하였다.

질 전망이라는 점을 고려해야 한다.

동남부 대서양 연안항구를 이용하는 기존의 내륙운송 경로를 대신할 수 있는 첫 번째 대안적 경로는 아마존 강과 그 지류(리오 토파조스, 리오싱구)와 토칸친스강을 이용하는 북동부 대서양 연안 및 내륙항구 경로의 개발이다.

그림(66) 강을 활용한 브라질의 하상 터미널과 수송운송경로

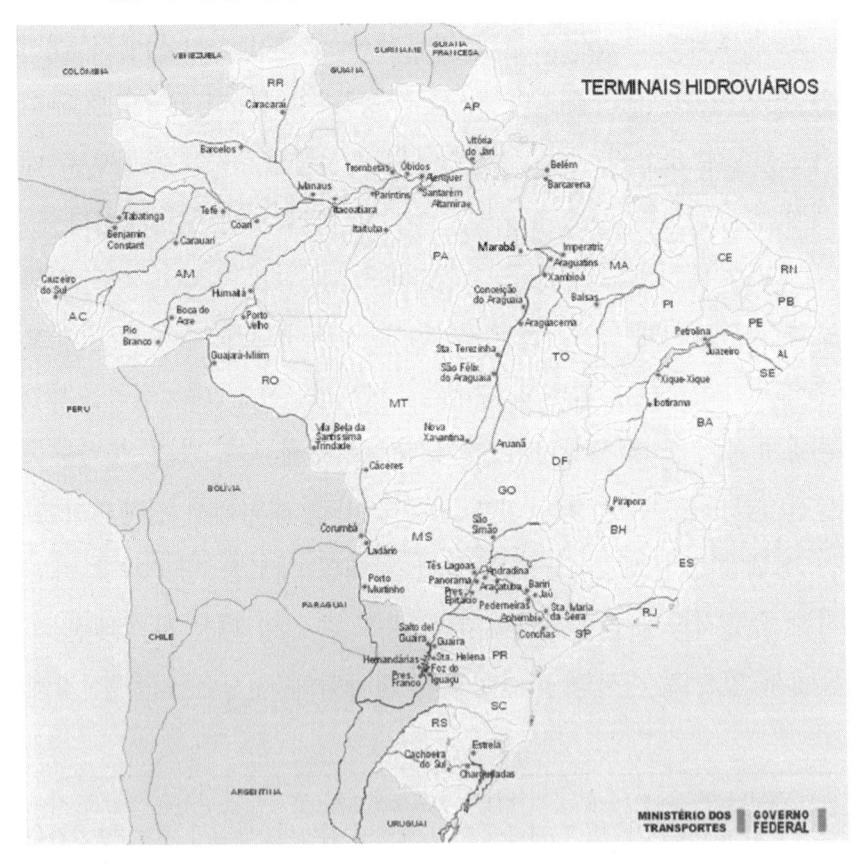

두 번째 대안적 경로는 앞으로 개통될 대양횡단고속도로(Trans ocean highway)를 이용하여 페루의 태평양 항구인 ilo항을 이용하는 경로이다. 이 경우에는 마또그로수 북부지역이나 북부 Acre 주의 Rio Branco 등지에 산지 Elevator를 설치하여 곡물을 수집하고 페루의 ilo항에 항구 Elevator를 설치하여 국제교역에 나서는 방법을 검토해야 할 것이다.

2. 농업진출 유망분야

1) 곡물분야

한국은 사료곡물을 대부분 해외공급에 의존하고 있으며 그것도 주로 영미계 곡물메이저들과 일본계 종합상사에 의존하고 있다. 그러므로 국제곡물 파동이 발생할 때, 우리의 취약한 대응능력을 보완하기 위해서 곡물생산 잠재력이 큰 브라질 농업진출의 필요성이 제기되고 있는 것이다.

그러나 현지에서 신규농장을 개발하거나 기존농장을 매입하여 곡물을 직접 생산하여 이를 한국으로 반입하는 경우는 진출 초기단계에서는 바람직한 방법이라할 수 없다.

왜냐하면 브라질의 대규모 농장들이 확보하고 있는 생산과 물류측면에서의 경쟁력 수준을 단기간 내에 따라잡기가 거의 불가능하기 때문이다. 일본의 20여년에 걸친 세하도 대두농장개발의 사례에서 보는 바와 같이 곡물메이저 기업들의 지원을 받는 현지

농장들의 곡물농장 경영기반과 경영 Know how[35]를 신규참입 경영체가 빠른 시일 내에 갖추어서 평상시에 시카고 선물시장 가격조건과 경쟁가능한 국제곡물시장의 판매조건을 확보하기가 어렵기 때문이다.

브라질은 현 단계에서 지가가 저렴하고 지가 역시 계속 오르고 있는 추세이므로 농지를 확보하는 것은 투자 차원에서 메리트가 있을 수는 있다. 그러나 확보된 농지에서 생산된 곡물을 국내로 반입하기 위해서는 산지유통에서부터 가공, 수출에 이르기까지 일관된 처리시스템을 갖추어야 하므로 엄청난 투자가 소요되며 리스크 역시 큰 사업이므로 단기적으로 추진하기가 어렵다.

그러므로 현지의 곡물 생산자 단체와의 계약에 의해 생산된 곡물을 확보하고 이를 운송할 수 있는 새로운 내륙 및 해상운송 경로를 확보하는 길이 유망한 곡물농업 분야 진출의 길이 될 수 있다. 즉, 1차적으로 곡물유통과 수출분야에 교두보를 확보한 뒤 2차적으로 농지확보를 통한 생산분야 진출을 추진하는 단계적인 접근전략이 바람직하다는 것이다.

실제로 브라질 내의 곡물생산자 단체는 약 3천만톤 정도의 산지저장시설을 보유하고 있고 곡물메이저를 배제한 최종수요처에 대한 직수출을 희망하고 있으므로[36] 브라질 생산자 단체와의 사

---

35) Cargill사는 45년전부터 브라질 곡물농업에 진출하여 180여개의 도시에 지점을 설치하고 있으며 약 25,000여명의 직원을 고용하여 곡물생산과 유통을 지원하고 있다.

36) 한국농어촌공사, 「브라질 농업투자환경조사보고서」, p.188, 2009.12.

료곡물 직거래에 의한 곡물유통산업의 진출이 초기단계에서는 바람직하다는 것이다.

브라질의 수출항구 Elevator 시설은 정부소유가 37개소, 민간소유가 42개이고 이 중에서 곡물메이저 소유가 약 9% 수준이다. 그러므로 기존의 곡물 Elevator 시설을 이용할 수 있는 방안을 브라질 내의 곡물생산자 단체 등의 협조를 얻어서 사전에 마련하는 것을 검토하는 것이 필요하다.

2009년 현재 한국의 콩 수입량 111만톤 중에서 브라질산 콩이 41.1%를 차지함으로서 미국(35.3%)를 제치고 브라질이 제1위의 콩 수입국가가 되었다. 브라질산 콩은 주로 소립품종으로 착유용 또는 사료용으로는 적합하지만 우리나라에서 소비가 많은 두부, 장류용으로는 적합지 않다[37].

그러므로 특정생산업체와의 계약재배에 의해서 식용콩, 특히 Non GMO콩을 확보할 수 있는 길을 모색하는 것이 필요하다.

브라질에 대한 곡물유통사업을 성공적으로 추진하기 위해서는 정부를 대표하는 공기업(농산물유통공사) 실수요업체(사료 및 가공업체), 종합상사, 운송업체(해운회사) 등으로 컨소시엄을 구성하여 각 기관별 역할분담을 통한 진출추진이 바람직하다.

공기업과 정부는 전반적인 브라질 농업진출계획을 수립하고 자

---

37) 농산물유통공사에서 국영무역으로 수입한 콩의 용도는 두부용이 50.6%로 가장 많고 그 다음이 장류용(18.4%), 두유용(11.3%), 메주용(1.5%), 가격조절용 (6.4%), 부산물(11.6%) 등의 순이다.

금지원과 함께 통상교섭 등 정부 간 협상을 담당하며 실 수요업체
는 도입될 농산물의 국내 판매망을 확보하고 재고관리와 함께 현
지 가공공장 설립과 운영에 참여하며 종합상사는 현지 곡물계약
재배를 통한 물량 확보와 곡물 수입을 위한 산지 및 항구
Elevator 시설을 확보하여 곡물무역과 국내반입을 담당하고 해운
회사는 장기용선계약 등 운송의 효율화를 담당한다.

그림(67) 우크라이나 해외농업진출 성공모델 개발

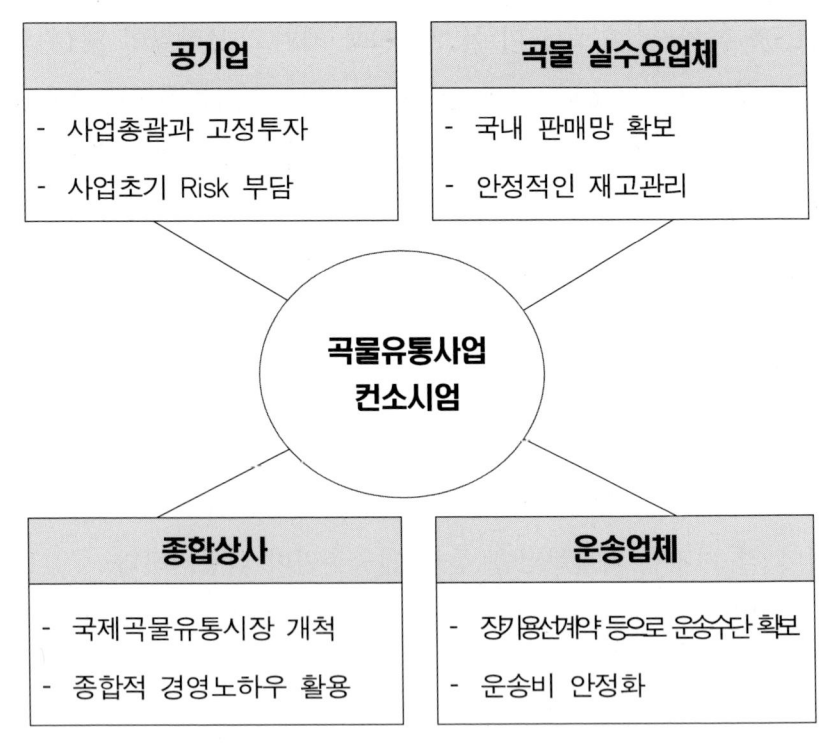

공기업
- 사업총괄과 고정투자
- 사업초기 Risk 부담

곡물 실수요업체
- 국내 판매망 확보
- 안정적인 재고관리

**곡물유통사업
컨소시엄**

종합상사
- 국제곡물유통시장 개척
- 종합적 경영노하우 활용

운송업체
- 장기용선계약 등으로 운송수단 확보
- 운송비 안정화

2) 바이오에너지 생산 분야

브라질의 바이오에탄올 사업은 생산능력면에서나 상용화(商用化)정도에 있어서 세계 최고 수준이며, 현재 상태에서 세계 최대 수출국이다. 브라질의 사탕수수를 이용한 바이오에탄올의 생산원가는 미국의 옥수수를 이용한 그것보다 43%에 불과할 정도로 경쟁력이 높다. 2008년 중국은 브라질의 에탄올 사업에 2억달러를 투자하였고 일본은 2억 2,700만 달러를 투자하는 등 외국투자가 최근 들어서 브라질에 집중하고 있으며 이에 따라서 2011년까지 90여개의 에탄올 공장이 추가로 건설될 예정이다.

폭발적으로 증가하는 브라질 내수시장과 미국시장에 대한 수출 수요와 함께 장기적으로 화석연료(석유)의 고갈에 대비하여 한국

표(56) 바이오에탄올 생산공장 사례

- 투자회사 : Lovis Dreyfus(세계적인 프랑스계 곡물메이저)
- 지역(위치) : Mato Gross do sil(Campo Grande에서 150분 거리)
- 투자금액 : 4억달러(dir 5000억원S)
- 공장설립 준비기간 : 환경성 검토, 설계 및 허가(10개월)
- 완공 : 공장건축 완공(20개월)
- 생산 품목 : 바이오 에탄올과 설탕(only)
- 원자재 연간 500만톤의 사탕수수(95%는 계약재배, 5%는 직접구입)
- 생산량 : 사탕수수 1톤당 바이오에탄올 93 ℓ , 설탕 140㎏
- 기타부산물 : 바이오 가스
- 계약재배 : 사탕수수 1톤당 43헤알
- 계약농장 면적 : 5만ha(1500만평)
- 수요처 : 생산 전량을 EU로 수출

의 대체에너지 공급원을 확보한다는 차원에서 브라질에서 바이오에너지(에탄올과 바이오디젤)원료작물 생산과 가공산업 진출을 적극적으로 검토할 필요가 있다.

브라질 에탄올 생산의 85%가 남부지역과 남동부지역에서 생산되고 있다. 상파울로 주, 빠라나 주, 미나스제라이스 주 등지는 인프라가 잘 갖추어져 있고 대규모 소비시장과 이웃하고 있다는 장점이 있는 반면에, 이미 지가가 충분히 올라있는 상황이기 때문에 한국기업의 신규참여에 의한 수익성 확보가 쉽지 않은 상황이다.

그러므로 현지의 에탄올 정제공장이 확장되고 있는 중서부의 고이아스 주, 마또그로수 주, 마또그로수두술 주, 토칸친스 주 등지를 진출대상지역으로 검토하는 것이 필요하다.

바이오디젤은 오일팜 재배가 용이한 북부와 북동부지역 및 아주까리 경작이 가능한 북부, 북동부, 중서부 등지를 진출대상지역으로 검토하는 것이 바람직하다. 바이오디젤 원료작물은 아주까리와 해바라기 등 수확기가 다른 2개 작물을 재배하여 공장가동률을 높일 수 있는 방안을 검토해야 한다. 원료농산물 공급이 부족한 시기(주로 하반기)에는 면실 및 대두정제도 아울러 고려할 필요가 있다.

바이오디젤 원료작물은 대두와 면실을 제외하고는 대부분 노동집약적인 농산물이므로 직접 생산에 참여하기보다는 소농협동조합과의 계약재배에 의해서 원료작물을 확보하는 방식을 선택하는 것이 유리하다. 이 경우 사회에너지 인증제도를 활용하여 현지정부의 지원을 획득할 수 있는 방안을 강구할 필요가 있다.

바이오에너지 산업에 한국이 참여하기 위해서는 곡물산업과 마찬가지로 먼저 계약재배 방식으로 원료를 확보하는 동시에 가공 인프라시설에 투자하여 교두보를 구축한 뒤에 2단계로 작물재배에 직접 참여하는 방법을 선택하는 것이 바람직한 진출전략이다.

3. 브라질 농업진출과 관련된 정책과 제도

1) 브라질 주요 농업정책

(1) 농업정책의 주요 목표

브라질 정부는 농업개발을 경제발전의 중요한 성장요인으로 인식하고 있으며, 농·목축업의 구조개선에 의한 경제성장 전략의 일환으로 농업부문에 대한 투자유치정책을 강화해 왔다. 특히 2003년 출범한 룰라정부는 "포미제로(기아퇴치계획)"와 연계된 농업정책[38]을 시행해 왔으며 2010년 11월 선거에서 당선된 지우마대통령 역시 빈곤추방을 최우선 국정과제로 선언하였으므로 빈곤제거를 위한 농업발전계획은 앞으로도 계속될 것으로 전망된다.

---

38) "포미제로 계획"은 4천만명에 달하는 브라질 영세빈곤인구에 대한 식량제공 등의 구호적 성격뿐만 아니라 농업개발 및 농지개혁을 통한 빈·부간 격차완화를 위한 룰라정부의 가장 성공적인 사회복지정책으로 평가된다. 이를 통해서 지난 8년간 브라질인구의 10%를 넘는 2천만명이 새로 중산층 대열에 합류하게된 것으로 평가된다.

브라질 농업정책의 목적은 다음과 같이 요약할 수 있다.

첫째, 농촌지역의 고용창출, 특히 낙후지역의 개발과 저소득층의 소득 향상을 도모한다.

둘째, "포미제로(Fome zero)" 계획의 시행에 따른 곡물증산과 원활한 유통정책에 의해서 농촌경제의 활성화를 도모한다.

셋째, 기본곡물(콩, 밀, 옥수수, 쌀, 팥, 만지오 등)의 최저가격제 시행에 의해서 곡물의 수급안정화를 도모한다.

넷째, 경제사회개발은행(BNDES)등 국책은행 주관으로 농업사용대출을 증액하는 등 농업에 대한 금융지원 강화를 통하여 영농규모 및 경작지 확대를 도모한다.

다섯째, 높은 경쟁력과 잠재적인 성장력을 보유한 농업대국으로서 선진국들의 농산물에 대한 생산 및 수출보조금의 철폐 및 감축을 주창하는 등 DDA 협상을 통한 각국의 농산품 시장의 개방을 농업 및 통상정책의 최우선과제로 추진한다.

(2) 주요 농업지원 시책

(가) 농업신용대출 정책

① 신용대출액 증가

② 영세농업 부문에 대한 특혜금리 적용

③ 커피 증산계획에 대한 특혜금리 적용

(나) 농업경쟁력 향상을 위한 투자 확대

① 영농기계 및 부품혁신 사업, 농지개간 및 곡물저장사업의

통합운용 등 농업인프라 현대화 지원사업

② 협동조합 지원사업

③ 농지 및 목초지 복구 지원사업

④ 생산물 부가가치 제고사업(유채농, 화훼농, 양봉업, 낙농업, 산림업 등)

(3) 기본곡물 증산 및 수급안정화 사업

① 기본곡물을 생산하는 농가에 대한 대부금 상한선의 인상과 상환기일 연기

② 브라질 농업조달청(CONAB)은 옥수수(3백만톤), 쌀(150만톤), 팥(5만톤) 등 곡물별 최소저장량 목표 관리

③ 기본곡물의 수급 안정을 위한 최소가격 보장제(PGPM)[39] 와 연방정부 수매제(AGFs) 등 시행

④ "포미제로" 계획에 따른 영세민의 농산품에 대한 정부의 직접수매 시행

(4) 농식품의 유통 및 가격 안정화 지원 사업

① 연방정부 수매제(AGF)

정부의 최소가격 보증에 의한 농산품 수매제도로서 농업조달청(CONAB)의 규정에 의해서 브라질 은행에 의한 수탁절차 시행

② 거래 프리미엄제(PEP)

---

39) 지속적인 영농활동을 유도하기 위해서 전재배기의 최저가를 기준으로 생산원가, 수급가격, 수출입가격, 수확량과 가격전망 등을 참고하여 신규작물 영농개시품목의 상업화 최저가격을 책정함

정부의 수매제 시행이 불필요한 경우, 생산자에게 최저가 또는 옵션가격을 보장하기 위하여 한시적으로 지원되는 보충적인 지원제도임

③ 판매옵션 계약제

공매(입찰)에 의해서 계약증을 구매한 후, 계약만기 시 해당 품목을 사전책정가격에 매도할 권리를 보유하는 제도로서 농업조달청이 증권거래소를 통하여 옵션계약증의 판매를 대행함

④ 농산품선매증(CPR)

생산자의 경작소요 비용을 지원하기 위한 목적으로 생산품의 수확 이전 판매를 허용하는 제도이다. 미래의 인도를 약정하는 CPR은 생산자 또는 조합에 의해 발행되는 유가증권으로서 양도가 가능하며 발행자와 구매자 간의 직거래에 의해서 또는 거래소에서도 판매가 가능하다.

브라질 농업부문의 비약적인 발전은 자연적 농업부존자원의 유리성 등 비교우위적인 농업환경조건과 더불어서 정부의 강력한 농산품 수출정책과 함께 지속적인 농업연구개발 투자 및 농작물 비축 및 유통시스템 정비 등 강력한 농업지원정책의 추진에 크게 영향을 받아서 진행되고 있다고 평가할 수 있다. 특히 포미제로(기아퇴치) 계획의 시행에 의한 빈부격차의 해소와 지역경제 활성화를 지향하는 룰라대통령의 사회복지향상 정책이 브라질 농업발전의 직·간접적인 촉매 역할을 수행하고 있다.

2) 투자관련 법률 및 제도

(1) 현지 법인의 설립, 기존기업의 인수 절차

한국기업이 브라질에서 토지를 매입하여 농장을 운영하려고 하는 경우에는 직접 토지를 매입하는 방법도 있지만 외국인의 토지 소유에 대한 유·무형의 제한이 있기 때문에 브라질 현지에 현지 법인(Subsidiary)이나 합작투자법인(Joint venture)을 설립하거나 기존기업을 인수하는 방법이 흔히 이용된다. 외국인이 설립한 현지법인이나 합작투자법인은 국내법인으로 간주되어 토지소유 제한이 적용되지 않기 때문이다.

현지법인이나 합작투자법인을 설립하는 경우에 보편적으로 많이 이용되는 회사형태는 유한책임회사(Sociedade Limitada : Ltda)와 주식회사(Sociedade Anonima : SA)이다. 유한회사는 민법(Civil Code)이 적용되고 주식회사는 주식회사법(Corporation law)이 적용된다.

유한책임회사는 재무제표(Financial Statements)와 재무보고서(Financial Reports)를 작성할 의무가 없기 때문에 비용이 절약되고 회사비밀이 보장되는 장점이 있는 반면에, 회사의 중요한 사항을 결정하기 위해서 적어도 자본금의 75% 이상을 차지하는 출자자(Partners)의 승인을 얻어야 하는 번거로움이 있다. 반면에 주식회사는 유한책임회사와는 달리 재무제표와 재무보고서 작성의무 등이 있는 반면에 증권 및 유통증권(Negotiable Instruments)

을 발행할 수 있는 장점이 있다.

유한책임회사는 브라질 민법 제1052조 및 제1087조의 적용을 받아서 설립된다.

2인 이상의 출자자와 필요기재사항을 구비한 정관 등을 갖춘 후 관계당국에 등록절차를 거치면 된다. 외국인 투자자가 브라질에 유한책임회사 형태로 현지법인을 설립하기 위한 등록절차는 다음과 같다.

① 주 상업등기소(Junta Commercial)에 회사설립등기를 하여 법인등기번호를 수령

② 연방세무국(Receita Federal)에 법인 납세자등록을 하여 법인사업자등록번호를 수령

③ 투자금을 송금받기 위한 회사명의 은행계좌 개설

④ 중앙은행에 송금받은 외국인 투자 자본금 등록

⑤ 주 세무국(Secretaria da Fazenda)에 등록

⑥ 시(Prefeitura Municipal)에 납세자 등록

⑦ 노동부에 현지 법인 주재원의 영주비자 신청

주식회사는 주식회사법의 적용을 받는데 300개 이상의 조문으로 구성된 주식회사법에 따라 2인 이상의 개인이나 법인이 공모인수(Public subscription)또는 사모인수(Private subscription) 방식으로 설립된다. 법에 정해진 규정에 따른 정관과 자본금 및 회사장부를 갖춘 후 유한책임회사와 같은 방식으로 설립절차를

밟아서 설립된다.

기업 인수거래는 거래 당사자 간의 인수조건, 진술 및 보장, 비경쟁 및 보상조항 등에 관한 사전적인 협상으로부터 시작된다. 사전협상에서 합의된 사항은 양해각서(MOU)에 반영되는데, 주로 전속협상권과 실사(Due deli gence)조사에 관한 사항을 규정하게 된다. 실사조사는 자산인수(Assets acquisition)또는 주식인수 (Share acquisition) 방식 중에서 가장 효율적인 방식을 택하기 위해서 행해진다.

실사과정에서 부동산 소유권, 정관, 인수대상기업이 관련된 노동법원과 조세법원 등에서 보유하고 있는 소송기록 등 공공문서 (Public records)의 확인 및 조사와 함께 조세문제, 노동과 고용문제, 사업장의 상업적 승계, 환경보호, 독점규제 등 주요 법적문제도 조사·확인하는 것이 필요하다.

브라질 현지기업과의 합작투자기업(Joint ventures)을 설립할 때에는 구상하는 사업과 회사구조 등의 여러 조건에 관한 당사자들의 이해관계가 예비협약서(통상 양해협약서(MOU)에 반영되어야 하는데, 예비협약서는 전속적인 협상과 실사 등에 관한 사항을 규정하고 있다.

합작법인 설립은 현지법인 설립절차와 동일한 방식으로 추진된다.

(2) 외국인 투자우대 제도

브라질 정부는 넓은 국토의 개발과 지역 간의 균형있는 발전,

그리고 국제경쟁력을 갖춘 산업의 육성을 위하여 외국인 투자를 적극적으로 환영한다. 유럽각국으로부터의 이민으로 형성된 이민국가의 특성상 외국자본을 이질적으로 보지 않기 때문에 외국자본에 대한 특별한 차별대우는 없다. 즉 법에서 명시한 특별한 경우가 아니면 국내외 자본 간에 차별이 있어서는 안되고, 이에 따라서 외국인 투자우대조치는 국내자본에도 동일하게 적용된다.

브라질 연방정부는 신기술 도입, 농축산업 개발, 수출과 고용증대에 기여하는 외국인 투자를 가장 선호하고 있다. 브라질 북동부지역과 아마존 지역에 투자하는 외국인 기업을 가장 우대하는 이유도 낙후된 이들 지역에 대한 경제개발우선정책 때문이다. 정부의 투자우대조치는 주로 우대금리(Subsidized rate loan financing)를 적용하는 대출방식과 조세감면방식이 이용된다.

연방정부의 외국인 투자우대조치는 ①북동부지역과 아마존지역 등지에 대한 지역경제개발을 위한 투자우대 조치 ②북동부 투자기금 및 아마존투자기금 등에 의한 특별투자금융 지원 ③농업부문에 대한 조세감면 등으로 니눌 수 있다.

주나 시 등 지방자치단체의 투자우대조치는 지역개발이나 고용증대 등 특별한 목적사업에 대한 투자우대조치를 하는 형태가 대부분이다. 이를 위해서 지방정부는 간접세나 재산세 등을 감면하거나 분할납부, 시설에 대한 대지 부여 및 연방정부의 투자우대조치를 받을 수 있도록 행정지원을 제공하는 등의 우대조치를 시행한다.

(3) 토지관련 법과 제도

브라질 헌법은 평등원칙을 규정하고 있기 때문에 국적에 따른 차별을 할 수 없는 것이 원칙이다. 따라서 외국인(또는 외국법인)의 브라질 토지매입도 내국인과 차별이 없다. 단지 연방헌법은 제190조의 예외규정을 통하여 외국인의 농촌지역 토지취득을 법에 의해서 규율하거나 제한할 수 있도록 하고 있다.

이에 따라서 법률 제5709/71호에 따르면 외국인(개인 또는 법인)의 브라질 국경지역으로부터 150㎞이내에 위치한 토지매입은 국가방위위원회(Conselho de Defesa)의 승인을 얻어야 하는데 그 이유는 국가안보와 국경지대의 천연자원을 보호하기 위함이다.

그런데 국가방위위원회의 승인은 사실상 어렵기 때문에 외국인의 국경지대 토지매입은 사실상 불가능한 실정이다. 또한 외국인이 브라질의 농촌지역에 25,000에이커(10,200ha)를 초과하는 토지를 매입코자 하는 경우에는 정부의 허가를 얻어야 한다. 정부는 토지매입이 투자목적에 비추어 타당한지 여부를 심사하여 허가여부를 결정한다. 그러나 외국인이 현지법인을 설립하고 그 현지법인이 토지를 매입하는 경우에는 위와 같은 제한을 받지 않는다.

토지에 관련된 과세권은 시(市)가 보유하고 있다. 토지·가옥세뿐만 아니라 부동산 취득세도 시가 세율을 정하여 과세한다.

(4) 노동관련법과 제도

브라질의 노동관계는 1943년 제정된 노동법(Labor Code)이

규율한다. 1988년에 개정된 연방헌법의 노동관계에 관한 규정도 노동법보다 우위적으로 적용된다.

브라질 노동법은 고용주와 근로자 간의 경제적 불평등을 인정하여 이러한 불평등의 시정에 초점을 맞추고 있으므로 근로자 보호측면이 강한 점이 특징이다.

브라질 노동법은 연금, 파업, 건강 및 안전기준, 특별계층 근로자의 보호, 최저임금 보장, 봉급삭감 금지, 퇴직보장기금 등에 관한 사항을 규정하고 있다.

브라질의 임금수준은 남미의 다른 국가에 비해서 다소 높은 편이며 업체별, 지역별, 직급별로 차이가 크다. 통상 근로자에 대한 총지출은 사회보장세, 상여금 등 월급여의 2배 수준이다. 브라질의 주요 사회보상제도 및 근로조건은 다음과 같다.

표(57) 브라질의 사회보장제도

구분	내용
사회복지원에 대한 부담금 (INSS:Instituto Nacional do Seguro Social)	INSS는 사회보험으로 건강보험, 실업보험, 노령연금의 역할을 하나로 통합한 형태로 제도화되어 있다. INSS는 법인, 개인이 징수대상이며, 매월 고용주가 급여의 20%(농업기업의 경우 2.7%)를 부담하고 직원은 급여의 8~11%(월급여 BRL 780.79이상 11% 이므로 대부분 이에 해당됨)를 INSS로 납부해야 함
보너스 연말 상여금 (13번째 월급)	급여 1개월분 상당 보너스를 연말, 매월 분할 또는 휴가시 50% 지급하거나 9월~12월 사이에 분할하여 지급하여야 함. 연말상여금 개념의 월급이지만 고용주는 의무적으로 지불해야 함

자료 : 한국수출입은행, 코트라

표(58) 브라질 근로자의 근로조건

구분	내용
법정 최저임금	월 BRL 412(2009.9.15기준, 적용환율 1.82/BRL/USD)
법정근로시간	법정노동시간 : 주44시간 1일 최대근무시간 : 8시간
초과근무 수당	초과근무 : 기준급여의 50% 수당지급 공휴일 · 주말 근무 : 기준급여의 100% 수당지급 야간근무 : 기준급여의 20% 수당지급 18세 이하 근로자는 1일 8시간 초과근무를 금함
법정 유급휴가	유급휴가 일수 : 연30일(1년간 근무한 직원 대상) 휴가비 : 월급의 1/3(휴가 전에 지급해야 함)
퇴직금	근속연수 보상기금(FGTS) : 월급여 8%를 Caixa Economia 국책은행에 적립(퇴직급여 성격, FGTS ; Fundo de Garantia do Tempo e Servico)
해고수당	해고벌금 : 적립된 FGTS 금액의 40%를 벌금으로 직원에게 지급해야 함 (회사측 필요로 해고한 경우, 자발적 퇴사는 제외) 서면 해고통지 : 최소 30일 전에 서면을 해고통지를 해야함)

자료 : 한국수출입은행, 코트라

(5) 조세관련법과 제도

브라질 세법은 복잡하고 세금의 종류도 다양하며 조세부담률도 높은 편이다.(2005년도 GDP의 37.8%)

간접세의 비중도 높은 편인데 간접세는 전체 세금의 60% 이상을 차지한다. 연방정부, 각 주 및 시별로 징수되는 세금의 종류도 다양하다. 소득세, 소비세, 사회복지세, 재산세, 자동차세, 금융거래세, 상품유통세, 공산품세, 서비스세, 교육세 등 대단히 다양한 세금이 부과되고 있다.

표(59) 브라질의 조세체계

〈연방세〉			
구분	내용	세율	해당여부
법인세 (IRPJ)	실질 이익에 따른 법인 소득세	기본세유 15% Surtax 10% (연소득 BRL 24만 초과부문)	○
사회보장세 (CSLL)	기업의 연간 이윤에 부과하는 사회보장세	9%	○
〈주세(州稅)〉			
상품 유통 서비스세 (ICMS)	IPI와 마찬가지로 생산품의 경우 공장에서 출하 되거나 수입품이 통관될 때 관세 수출품은 원칙적으로 면세 혜택을 받음(예외 : 금속·화학제품 등 반공산품 수출시는 13% 적용)일종의 부가가치세	7~25%	간접세

자료 : 한국수출입은행, Kotra, 국세청

브라질의 조세체계는 연방, 주, 시에서 각기 다른 형태의 세금을 부과하는 구조로 되어 있다.

브라질의 사회부담금(PIS/COFINS)은 국민의 건강이나 연금 및 사회적인 취약 자구제를 목적으로 징수하는 것으로 고용주, 노동자, 공공단체가 시행하는 복권 등의 사회부담금에 의해서 재원이 확보된다. 법인의 매출액이나 이익의 일정률에 대해서 세액이 부과되고 징수는 연방국세청이 하기 때문에 세금에 준한 것으로(준조세) 받아들여지고 있다.

표(60) 브라질의 사회부담금

구분	내용	세율	해당여부
사회보장기금 조성프로그램 (COFINS)	기업의 매출액에 부과, 수출입은 과세되지 않음	3.00%(cumulative) 7.60%(non-cumulative)	○
사회통합기금 (PIS)	기업의 매출액에 부과, 수출입은 과세되지 않음	0.65(cumulative) 1.65(non-cumulative)	○
Salario- Educacao	교육세, 직원의 급여 중 회사가 지불하는 세금	2.5	○

자료 : 한국수출입은행, Kotra, 국세청

브라질의 노동법과 세법은 대단히 복잡하므로 현지법인의 설립이나 현지기업 인수과정뿐만 아니라 현지에서 기업을 운영할 때에도 법무법인 등 현지전문가의 도움을 얻는 것이 필요하다.

4. 브라질 최대 농산물 주산지, Mato Grosso주

1) 마또그로수 주의 농작물 생산과 잠재력

브라질 중북부에 위치한 세하도(Cerrado)의 사바나 기후대에 위치하고 있는 Mato Grosso주는 지역면적이 906,807㎢로서 한반도의 4배가 넘는 넓은 규모이지만 인구는 2009년 현재 2,855천명에 불과하다.

연평균 기온은 23℃~26℃이며, 강우량은 1,500㎜~2,000㎜인데, 건기에는 거의 비가 내리지 않아서 수확한 농작물의 건조에 좋은 조건을 갖추고 있으므로 양질의 대두 생산조건을 갖추고 있다.

표(61) 마또그로수 주의 토지 이용

단위 : 천ha,%

구분	면적	비중
총 면적	90,335	100%
농경지	7,060	7,8%
목초지	25,781	28,5%
임지	145	0,2%
원주민 영토	13,706	15,2%
생태보호지역	5,658	6,3%
개발유보지역	36,446	40,3%
기타	1,539	1,7%

그림(68) Mato Grosso주의 농산물 생산(2009/2010)

대두
18.80
Million tons

옥수수
8.21
Million tons

면화
1.44
Million tons

소
27.0
Million Heads

마또그로수 주의 총 토지면적 90,335천ha중에서 농경지는 7.8%
인 7,060천ha이고 목초지는 28.5%인 35,781천ha이다.

환경보전을 위한 개발유보지역(Remaining Vegetation)이 40.3%
로 가장 크고, 원주민 영토(Indigenous Area) 15.3%, 생태환경보
호지역(Conservation Area) 6.3% 등으로 구성되어 있다.

마또그로수 주는 2009/10년도에 18.8백만톤의 대두를 생산함
으로서 브라질 대두 생산량의 28%, 세계생산량의 7%를 점하고
있는 대두 최대 생산지역이다.

그림(69) 마또그로수의 대두 생산 추이

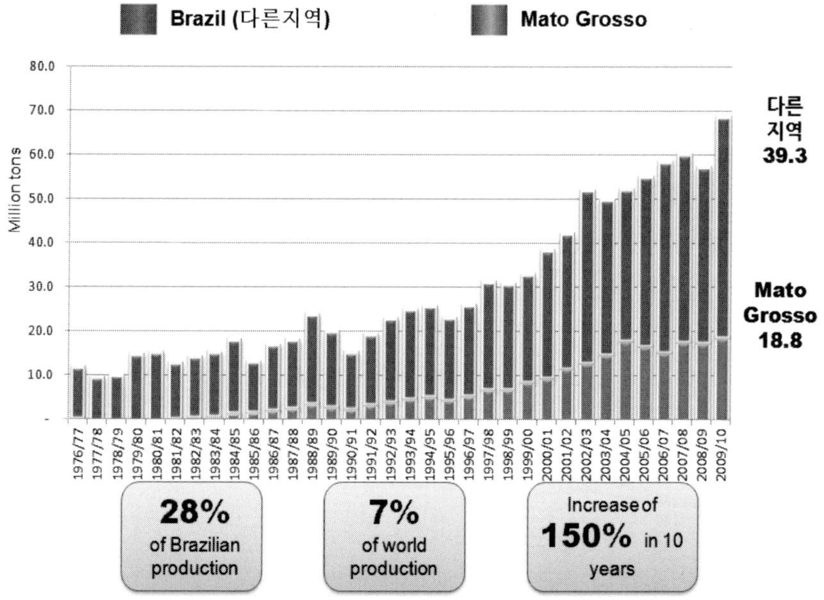

옥수수는 8.21백만톤, 목화는 1.44백만톤, 소는 27백만두 등을 생산함으로서 브라질 곡물생산에서 마또그로수가 차지하는 비중은 1990년의 6%에서 2010년에는 21%로 크게 증가하고 있다.

이에 따라서 마또그로수 주는 브라질 국내 농산물 생산순위에서 콩, 소, 면화, 옥수수, 해바라기 등에서는 1위 생산지역이고 사탕수수는 2위, 쌀은 3위 지역이 되고 있다.

마또그로수 주의 곡물생산면적은 1980년부터 2010년까지 30년 동안 644%증가했으며 곡물생산량은 2048%가 증가하였다.

재배면적 증가율보다 생산량 증가율이 3배 이상 높은 이유는 이 기간 동안 농장경영의 규모화, 기계화, 토양관리기술 등 재배기술의 발달로 생산성의 비약적인 향상이 뒷받침되었기 때문이다.

그림(70) 마또그로수의 곡물생산 증가(1980~2010)

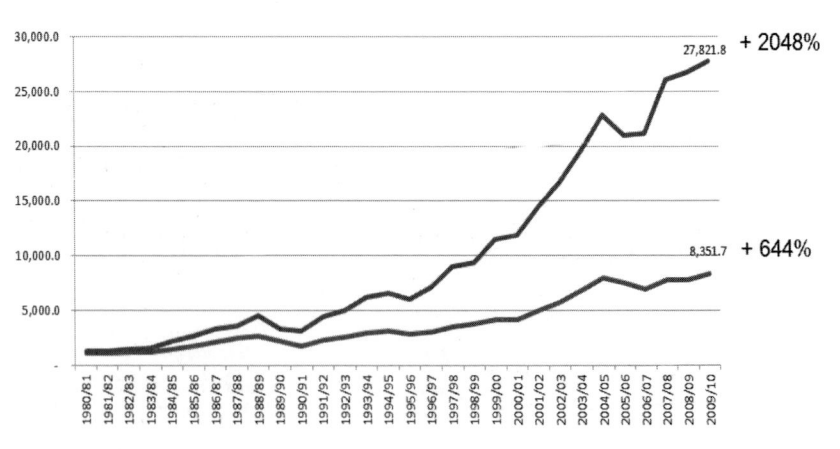

특히 마또그로수 주의 대규모 기계화 영농과 친환경지속적 농법의 적용은 눈여겨볼 점이다.

첫째, 무경운(No tilling)농법으로 표토(Top soil)의 훼실을 막고, 토양 속의 유기물과 유익한 곤충(benificial insects)의 서식환경을 보호한다.

둘째, 대두의 이모작 작물로 옥수수를 선택하여 대두수확과 동시에 옥수수를 파종하는 농법을 선택하였다.

마또그로수 주의 대두 수출량은 4.9백만톤, 대두박 2.7백만톤, 대두유 0.4백만톤이고 주로 가족농 경영체제로 호당 평균경작면적은 1,500ha이다.

그림(71) 마또그로수의 친환경 생산방식의 선택

2) 마또그로수 주의 산지유통

생산자는 주로 세 가지 유통경로를 통하여 곡물을 판매하고 있다.

① 중개인(수집반출상)을 통하여 가공업체 및 수출업체에 판매하는 경로

② 협동조합을 통하여 가공업체 및 수출업체에 판매하는 경로

③ 생산자 스스로 가공업체나 수출업체에 판매하는 경로

소위 A,B,C,D라 불리우는 곡물메이저 ADM(Arder Daniels Midland), Bunge, Cargil, Dreyfus의 곡물산지유통에 대한 영향력은 대단히 크다. 곡물메이저들은 선도거래(forward contract) 방식을 통해서 농가들에게 종자, 비료, 농약, 유류대 등 영농자금을 공급하는 대신에, 수확된 곡물을 수집하여 산지저장시설→항구까지 운송→항구의 자체 터미널을 이용하여 전세계로 수출하는 방식을 일반적으로 이용한다.

대부분의 농가들은 규모확대에 치중한 나머지 영농자금이 부족하기 때문에 곡물메이저와의 선도거래에 의한 자금공급에 영농을 크게 의존하고 있는 실정이다.

곡물메이저들은 업체 별로 평균 30~40개소씩의 산지저장시설(Country Elevator)과 항구의 전용창고와 선적시설을 보유하고 있으며 산지저장시설의 평균 규모는 개소당 35천톤 정도이다.

선도거래시 적용되는 판매가격은 시카고 선물시장(BOT)가격을 기준으로 하되, 물류비와 유통이익 등을 감안하여 협상을 통하여 결정하는데 주로 곡물기업들의 주도적 거래가 이루어진다.

그림(72) 마또그로수 주의 콩 농장과 수확

마또그로수 주에서는 주정부 차원에서 향후 20년 간의 농업발전계획인「Mato Grosso Mais 20 Project」를 수행 중이다.

이 계획의 중요내용은 농작물의 수확 이후의 가공과 물류개선에 초점을 맞추고 있다.

첫째, 농산물은 원물상태의 수출에서 벗어나 가공산업 육성으로 고부가가치 제품을 생산해서 수출하는 방향으로 전환한다는 것이다.

현재 브라질의 대두가공공장은 다국적 기업에 의해서 주로 운영되고 있다.

대두 착유공장(Soybean Crushing)외에도 소고기, 닭고기, 돼지고기 등 육류가공공장과 면화를 이용한 방직공장 등의 설립과 운영에 외국업체의 투자를 요청하고 있다. 외국기업이 농산물 가공공장에 투자시에는 토지확보에 대한 유인(Incentives)제공과 함께 세금(도내유통세 : 17%, 시정부서비스/미 : 5% 등) 감면혜택도 제공하고 사업자등록증(CNPJ)만 획득하면 토지보유에도 제약을

표(62) 브라질 대두 가공 설비 현황(2005)

회사명	공장 수	총설비 용량 (ton/일)	점유율	지역
Bunge	15	30,100	21	Bahia
Cargill	7	15,700	11	M. Gerais
ADM	6	12,650	9	Mato Grosso
Coimbra	6	11,050	8	Mato Grosso
Imcopa	4	6,400	4	Parana
Coamo	4	6,080	4	Parana
기타	74	61,225	43	
계	116	143,205	100	

자료 : 김동환, 「남미 해외농업개발 성공모델 개발」, 한국농촌경제연구원 용역과제, 2010.10

없애주겠다는 것이다.

둘째, 물류확충과 현대화를 통해서 물류비용을 획기적으로 절감한다는 것이다.

전기, 공항, 철도, 수로, 도로 등 물류인프라 확충을 위해서 외국기업의 투자유치 및 정부와 민간의 공동투자사업을 적극 추진하고 있다. 또한 장기적으로 페루 쪽의 태평양 연안 항구까지의 물류망 구축계획과 함께 기존도로망과 병행하여 철도노선 설치를 계획하고 있다.

3) 마또그로수 주 생산곡물의 물류

2007년 현재 마또그로수 주에서 반출된 곡물은 29,277천톤이었는데 이 중에서 육로수송에 의존하여 대서양 연안항구로 반출된 곡물은 24,620천톤으로 84%를 차지하고 있었다. 이 중에서 동남쪽 대서양 연안의 Paranagua항 이용이 11,200천톤으로 가장 많았고 그 다음이 Santos(7,300천톤), Victoria(3,420천톤), Sao Francisco do Sul(2,700천톤) 등의 순이었다.

최근 들어서 아마존강의 지류를 이용하는 수로수송을 통한 내륙항구인 Itagui와 Santarem항을 이용하는 비율도 차츰 늘고 있다.

마또그로수의 곡물운송에서 트럭(50톤 적재)을 이용하는 육로운송 의존율이 지나치게 높다는 것은 곡물의 국제경쟁력을 크게 저하시키는 요인으로 지적되고 있다.

그림(73) 생산곡물의 수출경로별 수출량(2007)

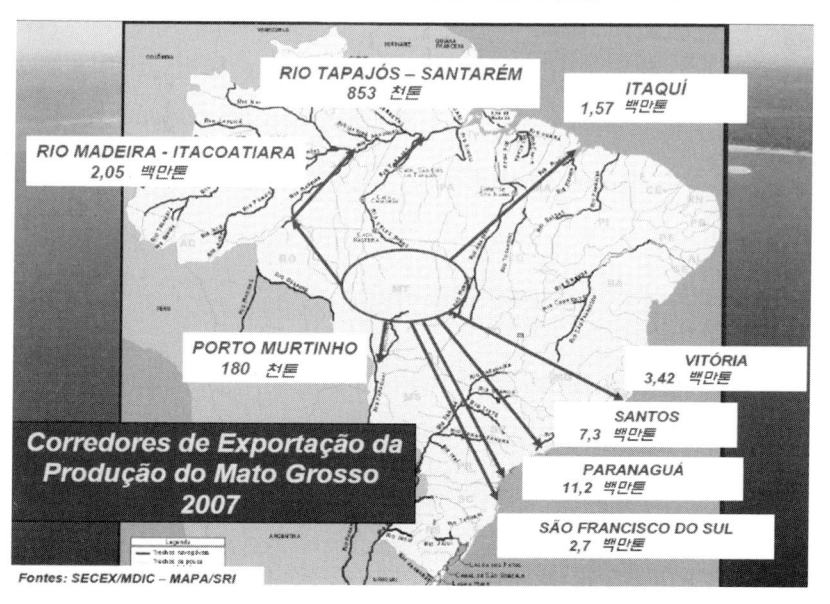

표(63) 대두 생산비의 비교

지역	생산비	비율
남부 Parana주 생산비	4.16%/bushel	81.4%
중서부 Mato Grosso 주 생산비	3.89$/bushel	76.1%
미국 IOWA주 생산비	5.11$/bushel	100.0%

브라질의 대두생산비는 미국보다 20~25% 낮다. 남부 Parana
주의 생산비는 4.16$/bushel이고 중서부 Mato Grosso주의 생산
비는 3.89$/bushel로서 미국 Iowa주 생산비 5.11$/bushel보다
각각 20~25% 정도 낮다.

그러나 대두수송비는 미국의 IOWA주보다 1.5~1.8배 더 소요
된다. 미국은 주로 수로수송에 의존하고 있지만 브라질은 육로 수
송에 의존하기 때문이다. 100톤의 곡물을 수송하는데 따른 단위
당 수송비는 트럭운송비는 3.20USD/㎞, 철로운송비는 0.80USD/
㎞인데 비해서 수로 운송비는 0.20USD/㎞으로 수로운송의 경우
가 가장 경제적이다. 그러나 마또그로수 주에는 아직까지 철도가
완비되지 않았고 수로 운송은 개척단계에 처해 있기 때문에 주로
트럭에 의존한 곡물수송이 이루어지고 있다.

표(64) Mato Grosso주와 미국 IOWA주의 곡물수송비 비교

수송경로	2006	2007
MT Sorrito 출발 산토스 경유 상하이 착	136.8$/톤	180.5$/톤
미국 IOWA Devonport 출발 USGulf 경유 상하이 착	76.9$/톤	115.4$/톤

그러나 곡물 생산비가 상대적으로 저렴하기 때문에 동아시아 도착도 곡물가격은 미국보다 유리한 것으로 나타나고 있다.

총 생산비용 측면에서는 마또그로수 주가 미국의 76.1% 수준이고, Parana주가 81.4%수준으로 낮기 때문에 내륙수송비가 미국보다 1.97배(Parana 주) 내지 3.1배(Mato Grosso 주)수준 임에도 불구하고 동아시아(상하이) 도착도 대두가격은 미국보다 경쟁력이 있는 것으로 평가되는 것이다.

표(65) 브라질과 미국(IOWA주)의 곡물수송비 비교(중국 상하이 도착)

단위 : USD/Bu

비용 항목	미국		브라질				아르헨티나	
	중서부	비율	남부 Parana	비율	중서부 Mato Grosso	비율	산타페	비율
변동비용	1.71	100.0	2.78	162.6	3.17	185.4	1.9	111.1
고정비용	3.4	100.0	1.38	40.6	0.72	21.2	2.02	59.4
총생산비용	5.11	100.0	4.16	81.4	3.89	76.1	3.92	76.7
내륙 수송 및 유통비용	0.43	100.0	0.85	197.7	1.34	311.6	0.81	188.4
수출항 기준 비용	5.54	100.0	5.01	90.4	5.23	94.4	4.73	85.4
동아시아까지 운송비용	0.75	100.0	0.81	108.0	0.81	108.0	0.81	108.0
수출세	–	–	–	–	–	–	1.65	–
동아시아 도착도기준 비용	6.29	100.0	5.82	92.5	6.04	96.0	7.19	114.3

Mato Grosso 주 생산곡물의 국제경쟁력을 장기적으로 유지해 나가기 위해서는 현재의 주력 수송경로인 남부 대서양 연안 항구 대신에 북부의 아마존 강을 이용하는 대체적 경로의 개발의 필요성이 커지고 있다.

메이저곡물기업 카길에서는 Non-GMO콩의 새로운 수송경로로서 아마존 강 내륙항구인 Santarem항 선적시설을 이용하고 있다. 마또그로수 주에서 산타렘항 까지는 육로 1,350㎞를 트럭을 이용하여 운송하거나 수로 1,576㎞를 바지선을 이용하여 수송하는 방식이 그것이다.

표(66) 마또그로수 생산곡물의 수송경로별 소요시간 비교

종전의 산토스 항까지의 경로와 산타렘항까지의 경로들에 소요
되는 시간을 비교하면 산토스항까지 2,187km의 육로운송에는 3.36
일이 걸리고 육로로 산타렘항까지 1,576km의 운송에는 2.1일이 걸
리지만, 수로로 산타렘항까지는 4.37일이 걸리는 것으로 평가된다.

그림(74) 아마존 강의 내륙항구 Santarem

| 카길에서 운영하고 있는 선적시설 | 운송된 곡물을 수송선에 선적하는 시설 |

그러므로 내륙항구 Santarem까지의 수로이용에 의한 곡물수송
이 가장 경제적인 운송방법이 된다.

만약 한국기업이 Mato Grosso주 진출을 계획한다면 마또그로
수 Sinop지역에 산지 Elevator시설을 신축 또는 기존 시설을 인
수·합병하는 방식으로 확보하고 Santarem 내륙항구에 곡물선적
과 보관을 위한 항구 Elevator시설을 확보하는 전략을 선택하는
것이 바람직하다.

결론적으로, 브라질농업진출의 성공은 값비싼 내륙물류비를 절감할 수 있는 대체적인 물류경로의 확보를 실현할 수 있는 물류인프라 구축에 달려 있다.

◇ 참고문헌

김건화, 「신이 내린 땅, 인간이 만든 나라 브라질」, 미래의 창, 2010.2.

김동환, 「남미 해외농업개발 성공모델 개발」, 한국농촌경제연구원 용역과제, 2010.10

김명석, "브라질의 장기경제성장과제와 시사점", 수은해외경제, 2010.5.

농림수산식품부, 농림수산식품주요통계, 각년도

브라질통계청, 2006 농업센서스, 2007.

사단법인 돌나라 한농해외개발부, 「해외농업 브라질」

성진근, "한국농업해외협력진출의 전략과 과제", 2010농식품생명과학심포지엄 논문집, 한국농식품생명과학협회,2010.6.

_____, 「우크라이나 해외농업개발 성공모델 개발」, 한국농촌경제연구원 용역과제, 2010.10

조희문, 「라틴아메리카의 희망, 브라질」, 천일문화사, 2009.3.

편무원, 「기회의 나라, 브라질」, 도서출판 해와달, 2009.11.

한국농어촌공사, 「브라질 농업투자환경 조사 보고서」, 2009.12.

한국농촌경제연구원, "브라질의 농업과 무역동향", 한국농촌경제연구원 2007.6

Antaq, "Runoff of agricultural production in the Midwest Comparative Advantages of Water Transport Case Study", National Agency of Waterway Transportation Brasilia, 2008.9.

CIA Factbook, 2010.9

Derli Dossa, Projection of Agribusiness Brazil 2009/10 to 2019/20, MAPA/AGE, 2010.2

Fernando Fialho, "The Contribution of the Sector Waterway to the Development", National Agency of Waterway Transportation Brasilia, 2008.10.

Foreign Agricultural Service, Official USDA Estimates, 2010.

Georgia Institute of Technology Policy and Assesment Center, High Tech, Indicator 2003 Summary Report.

HSBC, "Brazil unbound - How investors see Brazil and Brazil sees the world", 2010.

IBGE, IBGE Indicators, Statistics of Livestock Production 2010.9

____, "Research Directorate, Department of Work and Income, Monthly Employment Survey", 2009

____, "Survey of production systemaico Agriora", 2009.

IBGE/DPE/COAGRO/GEPEC/IPEC-Quarterly Research of the slaughter of animals, 2010.

Marcelo Duarte Monteiro, THE ROLE OF MATO GROSSO AGRICULTURE IN PROMOTING SUSTAINABILITY, Apaosoja, 2010.2

Naildo Lopes Da Silva, "AGRIBUSINESS AND THE ENVIRONMENT", 2010.

USDA-AMS, "Grain Transportation Reports", 2005.2.

◇ 참고사이트

국제연합식량농업기구 http://www.fao.org

국제부흥개발은행 http://www.worldbank.org

농수산물유통공사 무역정보 http://kati.net

미국 농무부 산하 해외농업국 http://www.fas.usda.gov

브라질농림부 http://www.agricultura.gov.br

브라질농산물유통공사 http://www.conab.gov.br

브라질농업연구청 http://www.embrapa.gov.br

브라질바이오디젤 http://www.biodieselbr.com

브라질석유청(ANP) http://www.anp.gov.br

이과수정보 http://www.infoiguassu.com

주브라질대사관 http://bra-brasilia.mofat.go.kr

한국농어촌공사 해외농업개발서비스 http://www.oads.or.kr

한국농촌경제연구원 http://www.krei.re.kr

한국수출입은행 해외경제연구소 http://keri.koreaexim.go.kr/

저자 **성 진 근**(成溍根)

서울대 농대 및 서울대 대학원 농경제학과 졸업
연세대 대학원 경제학과 졸업(경제학 박사)
미국 IOWA주립대 농업농촌개발연구소(CARD) 초청연구원

- (사)한국농업경영포럼 이사장 (현)
- 충북대 농대 농업경제학과 명예교수 (현)
- 농협대 석좌교수
- 대통령자문 농어업·농어촌 특별위원회 위원
- 농림부 양곡유통 위원장
- 농림부 비용절감운동본부 위원장 (현)
- 서울특별시 농수산물공사, 시장관리운영위원회 위원장 (현)
- 농림부 해외농업개발포럼 회장
- 농협중앙회 농협개혁위원회 위원장

- 농민신문사 농업계인물 100인 선정(2004)
- 대산농촌문화상(2003)
- 홍조근정훈장(2001)
- 충북대 우수학술상(1994, 1997)
- 농협중앙회 농촌문화상(1995)
- 전경련 자유경제출판문화상(1993)

- 연구업적 : 논문 131편, 연구보고서 56편, 저서 38편 총 225편

E-mail: kamf@kamf.net

지구촌의 미래식량기지, 브라질

발행인 / 해외농업개발포럼

발행처 / 농민신문사

인　쇄 / 삼부문화(주)

초판1쇄 발행 / 2011. 1. 31

서울특별시 종로구 종로1가 36

등록번호 제 1-1218호

농민신문사 www.nongmin.com

전화 080-3703-111